大师

王开林 著

复旦大学出版社

目录

自　序　大师远去的时代 / 1

蔡元培　是真虎乃有风 / 5
梅贻琦　寡言君子 / 53
蒋梦麟　书生有种最多情 / 83
马寅初　中国计划生育教父 / 121
傅斯年　国士无双 / 147
罗家伦　儒将风流 / 189

大师远去的时代（自序）

中国内地的大学，但凡有"一把胡子"的，庆祝华诞时，普遍喜欢高调晾晒家底，将"我说我好"的节目推向极致。北大、清华均为"百年老店"，校史俱存，班班可考，真要显摆的话，这两所名校树艺的人才数量既多，成色也足，乃是不争的事实。然而"百年老店"亦未能免俗，彼此较劲的方式尤其古怪，着实令世人大跌眼镜，完全看不明白。北大校方夸耀该校已为商界贡献出数十位亿万富翁，清华校方毫不示弱，宣称该校已为国家培养了数十位部级以上政要。表面看去，二者势均力敌，难分伯仲，实则在中国社会里，官本位远胜钱本位，清华不费吹灰之力就已完爆北大。

旁观者并不傻，他们有自己的思维方式。试观今日之燕园和清华园，大师的踪影何在？这个问题才是扎瘪巨型气球的那根尖细的银针。

高等学府围绕"富贵"二字鼎力竞争，固然能够在互联网上赚到廉价的吆喝，但这种做法充分暴露出当今大学教育正朝着极端浮躁浅薄的负面自由坠落。老教育家刘道玉为之痛心疾首，发表公开信，建议清华大学向百年名校美国麻省理工大学看齐，将"严肃的反思"放在首要位置，"选择一流的教育家当校长"，这位校长"必须具有较高的人文素质"。

2008年，哈佛大学校长德鲁·福斯特女士在就职典礼上说："一所大学，既要回头看，也要向前看，看的方法必须——也应该——与大众当下所关心或是所要求的相对立。大学必须对永恒作出承诺。"她高屋建瓴，描画的是世界一流大学的精神：反抗功利，拒绝媚俗，拆除樊篱，崇尚创新。

2012年4月22日，由刘道玉教育基金会主办的"《理想大学》专题研讨会"在北京饭店举行，教育家们畅所欲言，普遍认为中国当代教育缺失理想，必须返璞归真，才能找到出路。北京大学中文系教授钱理群语惊四座："我们的一些大学，包括北京大学，正在培养一些'精致的利己主义者'，他们高智商，世俗，老到，善于表演，懂得配合，更善于利用体制达到自己的目的。这种人一旦掌握权力，比一般的贪官污吏危害更大。"细味其言,当代中国教育已不再培养那些能将人文精神和科学精神实现无缝对接的人才,大学再次堕落为"官僚养成所",甚至变成了"狼族的渊薮",这样的事实令人不寒而栗!

九十多年前,蔡元培接手北京大学,主张"兼容并包",提倡"学术自由",他认为,一家"囊括大典,网罗众家"的学府,理应遵循"万物并育而不相害,道并行而不相悖"的自然法则。他打了一个极具说服力的譬喻,人的器官有左右,呼吸有出入,骨肉有刚柔,它们相反而相成。他主张以美育替代宗教,比这更靠谱的方案至今也没有找到。蔡元培是中国现代教育界公认的精神领袖,他休休有容,以其雅量、鸿猷、远志成就了北大之大。清华大学校长梅贻琦与蔡元培双峰并峙,他的传世名言是"所谓大学者,非谓有大楼之谓也,有大师之谓也"。梅校长讷于言而敏于行,爱做实事,肯干难事,能办大事,正是由于他一向待人至诚,处事至公,左右兼顾,中西贯通,清华之华便得以发扬光大。

民国时期,国事纷扰不宁,百业凋敝,唯独教育还算成功,而且始终不曾腐败,最优秀的人才,除了少量流入政坛和新闻界外,多数都有过在教育界履职的经历。当年,政治对教育的切割有限,尽管国势危在旦夕,学潮接踵而至,但大学校长仍然能够牢牢地掌控办学方向。蔡元培和梅贻琦是中国教育界的两面旗帜,他们的成功经验源于教育家的精神独立,学术争鸣,观念开放,思想自由,而教授治校将民主落到了实处。放眼今日国内之大学,教授对校政的发言权已经荡然无存。

蒋梦麟、马寅初、罗家伦、傅斯年,这四位大学校长虽然不能与蔡元培、梅贻琦并驾齐驱,但他们对北大、清华、中央大学、台湾大学的贡献均有目共睹,我们称赞蔡校长、梅校长为中国教育的功臣,称赞蒋校长、马校长、罗校长、傅校长为中国教育的功狗,肯定不会有错。何况他们治校之外的表现颇为可观,这就不禁令人感叹:那时候,莘莘学子真的很幸运,他们与诸多大师频繁接触,亲聆其言笑,耳濡目染,日熏夜陶,想不成才,想不成器,也难啊!

现如今大白天打灯笼满世界去寻找,也找不到像蔡元培、梅贻琦、蒋梦麟、马寅初、罗家伦、傅斯年那样好的大学校长了。在他们中间,有的是中国现代高等教育的功臣,有的是中国现代高等教育的功狗,这个评价源于蒋梦麟与傅斯年的一席笑谈,但它确实经得起推敲。

蔡元培
是真虎乃有风

大师必须是仁智双修的学人，而且是学人中百不得一的通人。通人难在淹博，唯通人才能开通一代文化之风气。

古今中外，方方面面的成功者数不胜数，我们不难从中遴选出自己特别欣赏的对象。然而谁要是将某位箭垛似的先贤推崇至完人、圣人和伟人的极峰，就将干出一件容易离谱的事情。有道是，"可爱者不可信，可信者不可爱"，虽然这种怀疑主义色彩颇为鲜明的话语卑卑无足道，但也确实有其合理的成分在，未可一概否定它。有时，考量者所取的政治立场和文化视角会起到杠杆的作用，只要它们处在某个合适的支点上，就能撬翻任何一位完人、圣人和伟人固若金汤的宝座。孔子被圣化了两千多年，却在20世纪背运缠身，遭到你方击罢我登台的无畏者轮番打倒，就是一个十分典型的例证。

在现代中国，北大老校长蔡元培被推崇至完人和圣人的地位，当时和后世的众多学者一直在有意无意地强化这种共识，他到底能否当此美誉而毫无愧色？

如此翰林,绝无仅有

毛子水在《对于蔡元培的一些回忆》中讲到一件趣事。某次,北大名流雅集,钱玄同冒失地问道:"蔡先生,前清考翰林,都要字写得很好的才能考中,先生的字写得这样蹩脚,怎样能够考得翰林?"蔡先生不慌不忙,笑嘻嘻地回答说:"我也不知道,大概那时正风行黄山谷字体的缘故吧!"黄山谷是北宋文学家和书法家黄庭坚,他的字体不循常轨,张扬个性,如铁干铜枝,似险峰危石,以刚劲奇崛著称。蔡先生的急中生智既见出他的涵养,也见出他的幽默,满座闻之,皆忍俊不禁。

自唐代以迄于清代,一千二百多年间,翰林何其多,但主动参加革命党,去革封建专制王朝老命的,除了蔡元培,数不出第二人。自达摩东来,一千五百多年间,和尚何其多,集情圣、诗人、画家和革命志士于一身的,除了苏曼殊,也数不出第二人。他们是在"古今未有之变局"中禀赋特出的产儿,是天地间绝无仅有的异数。

据教育家马相伯回忆,1901年,蔡元培担任上海南洋公学特班总教习期间,曾与张元济、汪康年一道拜他为师,学习拉丁文。每天清晨，蔡元培从徐家汇徒步四五里路到土山湾马相伯家上课。由于求学的心情过于急切，头一次，蔡元培去得太早，凌晨五点多钟，天边刚有一丝曙色，他就在楼下低声叫唤"相伯，相伯"。马相伯感到惊奇，大清早的，谁来这里喊魂？他打开窗子望去，来人是蔡元培。马相伯名士派头十足，他急忙摇手，对蔡元培说："太早了，太早了，八九点钟再来吧！"虽然有点败兴，蔡元培并没有感到不悦，三个钟头后，他重又来到马相伯家中。这一年，蔡元培三十四岁，身为翰林已达八载，但他仍有程门立雪的虔诚劲头。

近代以降，中国人在血池泪渠中蹚行了一百多年，早已与宗教精神背道而驰。太平天国焚烧庙宇，强行逼迫和尚尼姑还俗。义和团摧毁教堂，疯狂杀戮西方传教士。嗣后，科学上位，主义蜂起，各种花样翻新的迫害方式不断升级，更荡平了人们所剩无几的敬畏之心。蔡元培有见于此，特别提出"以美育替代宗教"的主张，他认为，上智者和强力者往往会利用现成的宗教（或倡行个人崇拜）桎梏民众的思想和行动，下愚者求神拜佛，则容易陷足于迷信的泥坑而难以自拔，美育以修身养性为根本，则能使任何个体都平等地获得上升的阶梯和自我完善的路径。应该承认，这原本是一个不错的主张，为何却难以在中国实行？因为人生惨苦，世路险恶，人们受到铁血强权的宰制，往往无法掌握自己的命运。在无援无助时，他们要么忍气吞声，匍匐在专制魔王的脚下苟且偷生，要么含悲忍痛，寻求各方神佛的抚慰和麻醉，随时随地向冥冥中的神佛倾诉和祈祷，寻求暂时的解脱。他们相信有来生，相信善有善报，至少还不算彻底绝望。美育则必须在和平安定的环境中才可措手，在温饱无虞的日子里才可用心，然而一旦国人的欲望被激活至沸点和熔点，宗教缺席，道德沦丧，美育也将失去立足之地。因此"以美育替代宗教"就成为了遥不可及的愿景。

蔡元培一生的座右铭为"学不厌，教不倦"。他三度旅欧，精研西方哲学，在巴黎访晤过居里夫人，在德国结识了爱因斯坦，两次高峰对话使他受益良多。终其一生，蔡元培对学问抱持浓厚的兴趣，对教育怀有炽热的感情，虽历经世乱，屡遭挫折，却不曾泄过气、断过念、灰过心。戊戌变法时期，王照、张元济劝导康有为以开办教育、培植人才为先鞭，以维新变法为后图，康氏则认为：强敌虎视鹰瞵于外，清廷河决鱼烂于内，譬若老房子着火，纵有观音大士千手千眼为助，犹恐扑救无暇，王、张之议缓不济急，只好暂且作罢。无独有偶，辛亥革命前，严复在英伦邂逅孙中山，他开出的药方同样是"为今之计，唯急从教育上着手"，孙中山略无迟疑，以"俟河之清，人寿几何"一语作答，他认为，在清王朝旧体制的框架下，教育犹如被巨石镇压着的笋尖，是无法舒展其身子骨的。

当初，康有为、梁启超倡导变法维新，炙手可热，蔡元培冷眼旁观，并不看好康、梁的"小臣架空术"，维新派把孤立无援的光绪皇帝的细腿当成如来佛脚去抱，企图富国强兵，拯救日薄西山、气息奄奄的清王朝，这岂不是痴心妄想吗？改良教育和培植人才，如此重要的事情，康、梁竟认为无关大局，根本不留意，全然不着手，徒然空言造势，似乎撒豆成兵，倒有几分神汉巫公的派头。康有为所主导的四不像的变法维新和君主立宪果然一败涂地，蔡元培一针见血地指出其败因："由于不先培养革新人才，而欲以少数人弋取政权，排斥顽旧，不能不情见势绌。"蔡元培真心向往的是民主政治，极力主张的是教育救国，他放着好好的翰林不做，弃官南下，回家乡绍兴监理新式学堂，到上海南洋公学特班任总教习，与叶瀚等人发起成立中国教育会，组织爱国学社，开办爱国女学。

1903年冬，蔡元培为使国人对帝俄觊觎中国东三省有所警觉和防范，创办《俄事警闻》报。这一时期，他受蒲鲁东、巴枯宁无政府主义思潮的影响，发表小说《新年梦》，主张废除私有财产，废除婚姻制度。但他很快就发现此路不通，唯有以革命的霹雳手段刷新政治，才能使死气沉沉的社会获得生机。于是，他参加杨笃生领导的军国民教育会暗杀团，与陶成章等人秘密创立光复会，出任中国同盟会上海分会会长。由封建王朝的翰林转变为彻底的革命党，蔡元培无疑是古今第一人。

蔡元培写过《我在教育界的经验》一文，其中有这样一段话："自三十六岁以后，我已决意参加革命工作。觉得革命只有两途：一是暴动，一是暗杀。在爱国学社中竭力助成军事训练，算是预备下暴力的种子；又以暗杀于女子更为相宜，于爱国女学，预备下暗杀的种子。"然而，与同时代的革命党人相比，蔡元培的主张无疑是相对温和的，当民族革命被推向最高潮时，"誓杀尽鞑虏，流血满地球"的激烈言论是主旋律。邹容的《革命军》痛恨满族人，仿佛视之为不共戴天的杀父仇人，欲斩草除根而后快。蔡元培在1903年4月的《苏报》上发表《释仇满》一文，给民族革命做了一个降调处理，他的言论更能服人，也更能安心："满人之血统久已与汉族混合，其语言及文字，亦已为汉语汉文所淘汰。所可为满人标识者，唯其世袭爵位及不营实业而坐食之特权耳。苟满人自觉,能放弃其特权,则汉人决无仇杀满人之必要。"革命通常是流血的代名词,革命者能够保持冷静的理智,实为难上加难。

蔡元培一生与教育结缘,是教育界深孚众望、绝无争议的当然领袖。

1912年3月,蔡元培加入民国政府唐绍仪内阁,出掌教育部。他与教育部次长范源濂既是搭档,又是朋友。关于教育,两人的观点可谓相反相成。范源濂认为:小学没办好,怎么能有好中学?中学没办好,怎么能有好大学?所以当前教育的重中之重是要先整顿小学。德国铁血宰相俾斯麦早就说过:"普鲁士能胜法国之功,全在小学教员。"蔡元培则认为:没有好大学,中学师资从哪里来?没有好中学,小学师资从哪里来?所以当前教育的重中之重是要整顿大学。几番辩难之后,两人协调了意见:从小学、中学到大学,教育部都须费大力气下大工夫去整顿。

蔡元培信奉安那其主义(Anarchism,无政府主义)胜过信奉三民主义,他崇尚个人自由、思想自由、学术自由和信仰自由,他认为"忠君与共和政体不合,尊孔与信教自由相违"。蔡元培力主废止尊孔、祀孔和读经,乃是事有必至,理有固然了。他的教育主张与旧派人物的意见难以调和,他的改革举措也处处受阻。一旦意兴阑珊，求去之意遂决。1913年，蔡元培挂冠出洋，为考察西方教育和研究世界文明史，前往德国游学。袁世凯慰留的话讲得很夸张："我代表四万万人留君。"蔡元培的回答十分机智："元培亦对四万万人之代表而辞职。"

北大，中国的北大

1916年12月，北洋政府教育部任命蔡元培为北大校长。据沈尹默回忆，"蔡元培长北大之来由"是教育部专门教育司司长沈步洲与北大校长胡仁源发生矛盾，沈步洲报眦睚之怨，必欲扳倒胡仁源而后快，他抬出蔡元培，资望、才学均在胡仁源之上，教育总长范源濂也就顺水推舟。彼时，蔡元培刚从海外归来，风尘仆仆，到上海后，许多朋友都劝他不要率尔衔命，北大腐败透顶，烂到流脓，他若就职，恐怕整顿不力，清誉反受其累。但也有几位朋友鼓励蔡元培放手一搏，用手术刀割治这个艳若桃李的烂疮，给中国教育开创前所未有的新局面，纵然败北，尽心也可无憾。蔡元培的使命感极强，他选择了锐意进取，而不是临阵脱逃。1917年1月4日，他到北大视事，着手收拾这个令人掩鼻的烂摊子。

有人说，蔡元培接手北大，是为了做一次安那其主义的实验，这不是全无道理的。安那其主义信奉者的口号是："无地球以外的别个，又无他生来世的另一个，要做好就在这一个上做到好，要改良世界就在本街坊内改良。"蔡元培是坚定的安那其主义信奉者，他将北大视为亟待改良的"街坊"，并不奇怪。

北大的前身是京师大学堂，与其称之为大学，还不如称之为官僚养成所。这样的看法是否有点失之武断？京师大学堂的创办者张百熙就曾礼贤下士，聘请文章经济极负时名的桐城派大家吴汝伦任总教习，吴汝伦不肯就任，张百熙便在吴汝伦跟前长跪不起，比程门立雪的杨时更有诚意。吴汝伦也是个认真的人，高龄应聘之后，他一丝不苟，即赴日本考察教育，惜乎病魔窥伺于侧，赍（jī，怀抱）志以没。1905年，大学堂的管学大臣降格为监督，首任监督张亨嘉发表就职演说，只有寥寥一语，总计十四个字："诸生听训：诸生为国求学，努力自爱！"放在全世界大学范围来看，如此言简意赅的就职演说也是独一无二的。大学堂的生源很杂，其中有秀才、举人、进士，甚至还有翰林，因此在运动场上，体育教官会礼貌端端地喊口令："大人向左转！"、"老爷开步走！"大学堂离学界远，离官场近，又何足为奇呢？活动能力较强的学生，上乘的做法是猎官，组织同乡会，巧妙运作，做一任会长或干事，借以接近学校当局，毕业后即稳获升官的阶梯；下乘的做法是钻营，用嫖娼、赌钱、看京戏、捧名角来结交社会上的实力人物，以之为借重的资本。民国初年，京师大学堂与国会的参议院和众议院被外界并称为"两院一堂"，其中的各色人物乃是八大胡同鸨儿妓女最欢迎的客源，无非是因为他们腰包鼓胀，喜欢吃喝玩乐，舍得拿大把光洋撑场面。有的学生一年花销高达五千银元，相当于普通人家十年的用度。总而言之，在京师大学堂，乌烟瘴气和歪风邪气很盛，唯独研究学问的风气荡然无存。

比蔡元培出掌北京大学晚两年，1918年12月，美国学者司徒雷登出任燕京大学校长。上任伊始，这位中国通即公开表态，他并不希望燕京大学成为世上和史上最有名的大学，而急切地希望它成为当下中国最有用的大学。司徒雷登主张学术自由，言论自由，教育以求真务实为目的，他亲订燕京大学校训为："因真理得自由以服务。"（Freedom through Truth for Service）燕京大学是美国教会大学，司徒雷登是美利坚的自由公民，他有此学术观和教育观，合情合理，并不令人意外。蔡元培也曾赴欧洲游学数年，但他毕竟在中国传统教育体制和封建政治体制下浸润了半个世纪之久，这位清朝翰林、民国元勋果然能破能立吗？破要有大勇，立要有大智。"有怎样的校长就有怎样的大学"，"所见即所得"，这两句话在当年还是能够成立的。北大注定要打上蔡元培的烙印，这既是历史的偶然，也是历史的必然。

蔡元培出任北大校长后，迅即发出呼吁："大学生当以研究学术为天职，不当以大学为升官发财之阶梯。"他说："自今以后，须负极重大之责任，使大学为全国文化之中心，立千百年之大计。"为了矫正学风，蔡元培从消极和积极两方面入手：发起组织进德会，发表《进德会旨趣书》，会员必须恪守不嫖、不赌、不纳妾的基本戒条（另有"不作官吏、不作议员、不饮酒、不食肉、不吸烟"五条选认戒）；设立评议会，实行教授治校；组织各类学会、研究会，如新闻学会、戏剧讨论会、书法研究会、画法研究会等，使学生养成研究的兴趣；助成消费公社、学生银行、平民学校、平民讲演团。

在蔡元培的心目中，"所谓大学者，非仅为多数学生按时授课，造成一毕业生之资格而已也，实以是为共同研究学术之机关。研究也者，非徒输入欧化，而必于欧化之中为更进之发明；非徒保存国粹，而必以科学方法，揭国粹之真相"，因此大学理应是"囊括大典，网罗众家"的学府，遵循"万物并育而不相害，道并行而不相悖"的自然法则。他打过一个极具说服力的譬喻，人的器官有左右，呼吸有出入，骨肉有刚柔，它们相反而相成。蔡元培决意改造北大，并非打碎另做，推倒重来，凡饱学鸿儒皆得以保留教职，更在国内延聘名师，不问派别，不问师从，但求其术有专攻，学有专长。至于不合格的教员，他坚决黜退，决不手软，不管对方究竟是什么来头，有什么靠山。一名法国教员被黜退后，曾四处扬言要控告蔡元培。一位被黜退的英国教员更加神通广大，居然搬出英国驻华公使朱尔典这尊洋菩萨来与蔡元培谈判，蔡元培坚持成命，不肯妥协。事后，朱尔典怒气冲冲地叫嚣："蔡元培是不要再做校长的了！"对于这些外缘困扰，蔡元培一笑置之。

诚如冯友兰所言，"大学应该是国家的知识库，民族的智囊团。学校是一个'尚贤'的地方，谁有知识，谁就在某一范围内有发言权，他就应该受到尊重"。学术乃天下之公器，一致百虑，殊途同归，蔡元培不持门户之见，唯致力将北大改造成为中国的学术渊薮。蔡元培的改革理念和举措，最令人称道的便是"学术第一""教授治校""讲学自由"和"兼容并包"。以党见和政见论，王宠惠信奉三民主义，李大钊、陈独秀信奉共产主义，李石曾信奉无政府主义，辜鸿铭憧憬君主立宪；以文学派别论，胡适、陈独秀、钱玄同、刘半农、周作人倡导新文学，刘师培、黄侃、吴梅坚持旧文学。特别是"性博士"张竞生，被封建卫道士辱骂为"三大文妖"之一，他在北大讲"美的人生观"，在校外出版《性史》，竭力提倡"情人制"、"外婚制"和"新女性中心论"。在半封闭半蒙昧的中国，张竞生的言论绝对算得上离经叛道，惊世骇俗，也只有在蔡元培的保护伞下，他才不会被大众的唾沫淹死。北大学生办了三个大型刊物，分别代表左、中、右三派，左派的刊物叫《新潮》，中派的刊物叫《国民》，右派的刊物叫《国故》，各有其拥趸，各有其读者群，尽管彼此笔战不休，但相安无事。

蔡元培开门办学，最具特色的是，学校"三生"共存。"三生"是正式生、旁听生和偷听生。正式生是考进北大的学生，旁听生办了旁听的手续，得到了校方的许可，偷听生则未办任何手续，自由来听课的，尽管未获许可，但也没人将他们撵出课堂。偷听生中也是藏龙卧虎，不可小觑，其中的代表人物就有金克木和许钦文。上课前，教授指定专人发放油印的讲义，对上课者不问来历，一视同仁，发完为止。有些正式生姗姗来迟，反而两手空空，他们也不觉得有什么好委屈好奇怪的。"来者不拒，去者不追"，听课之自便由此可见一斑。有人说："学术是天下公器，'胜地自来无定主，大抵山属爱山人'，这正是北大精神的一面。"偷听生也因此得到正名了。

当年，北大被称为"自由王国"。你爱上课，可以；你不爱上课，也可以；你爱上你爱上的课而不爱上你不爱上的课，更是天经地义的准可以。贬低北大的人以此为口实，称北大是"凶、松、空三部曲"，意思是：学生投考时题目"凶"，入校后课程"松"，毕业生腹中"空"。还有一种类似的说法：北大把后门的门槛锯下来，加在前门的门槛上，即谓进校难，毕业易。事实上，北大约束少，最能出怪才。朱海涛有一段回忆文字写得极到位："北大的教育精神是提倡自立、自主的。……给你逛窑子的机会你不逛，那才是真经得起试探的人。给你抄书的机会你不抄，那才是真有读书心得的人。将你搁在十字街头受那官僚封建腐烂的北平空气熏蒸而不染，那才是一个真能改造中国的人。关在'象牙塔'里受尽保护的，也许出得塔门，一阵风就吹散了。"既然行为自由，思想也会同样自由。当时中国有多少党派，北大师生中就有多少党派；中国有多少学派，北大师生中就有多少学派。办大学，兼容并包其实是非常危险的，弄得好固然可以形成"酒窖"；弄不好呢？就会形成"粪沼"。蔡元培对于中西文化择善而从，对于各类人才兼收并蓄，使之商量旧学，探讨新知，和平共存，不相妨害。他的态度绝无偏袒，他的器局皆可涵盖，处事公平，无适无莫，大家自然心服口服。

世事无绝对，在北大兄弟不和与内讧总还是有的，而这些响动多半与辜鸿铭和章太炎的大弟子黄侃有关。辜鸿铭对胡适很不买账，他认为，胡适治哲学史，既不懂德文，又不懂拉丁文，简直是画虎成猫，误人子弟。黄侃也瞧不起洋味十足的胡适，但他对章氏旧同门诋诃更多，骂他们曲学阿世。于是众人暗地里戏称蔡元培为"世"，到校长室去竟被谑称为"阿世去"，意思是"巴结蔡校长去"。黄侃上课，骂师弟钱玄同有辱师门，骂得相当刺耳，两人的教室毗邻，字字句句都听得清清楚楚，学生不免偷笑，而钱玄同若无其事。

陈独秀在《蔡孑民先生逝世后感言》中称赞道："这样容纳异己的雅量，尊重学术自由思想的卓见，在习于专制、好同恶异的东方人中实所罕有。"陈独秀尤其应该感谢蔡元培对他的爱护和包容。这位为科学与民主鼓与呼的急先锋，圭角毕露，锋芒侵人。他放浪形骸，不检细行，不拘琐德，往往予敌对者以攻讦的口实。陈独秀去八大胡同消遣，甚至遭到过妓女的控告，被警局传讯，经小报大肆渲染而成为轰动社会的丑闻。尽管陈独秀运笔如枪，其盖世神功能够辟易千人，但若是没有蔡元培为他屡次三番解围，攻击者驱逐他出北大的愿望岂会落空？蔡元培是北大进德会的模范会员，"不嫖,不赌,不纳妾"这三条,他绝对遵守,但他只以道德律己,并不以道德责人,这非常不易。蔡元培爱护陈独秀,因为后者是难得的人才,其言论主张值得会意和同情。

守旧派的头面人物林纾原本是赞成"新学旧学并行"的,但新学分子破坏力巨大,竟宣布"古文死了"、"孔家店破产了",使他不免生出"未得其新,先殒其旧"之慨,旧学被打上耻辱的烙印,这尤其令他痛心。一怒之下,义愤爆棚,理智告退,他在上海《新申报》发表小说《荆生》和《妖梦》,前一篇中的人物田必美、狄莫和金心异,分别影射陈独秀、胡适与钱玄同,说这三人聚在一起诋毁前贤,侮灭斯文,荆生偶然听到了,于是愤愤不平,怒火中烧,将他们暴打一顿。荆生,即暗指时任陆军部次长的徐树铮,此人是段祺瑞的智囊,极为霸道,对新文化运动恨之入骨。后一篇则说作者梦见那班非圣非法的人全被一个怪物捉去吃掉了,其中有个叫元绪公的,即影射蔡元培,将他比作乌龟,用意可谓刻薄。守旧派人物林纾敌视新文化运动,仇视科学与民主,与蔡元培、陈独秀、胡适、钱玄同等人志不同道不合,是可以理解的,但他摆出一副急于助纣为虐的模样,动辄扬言"宜正两观之诛",宣称要将异己"寝皮食肉",以恐吓、谩骂为取胜的手段,这种做法着实令人不敢恭维,斥之卑劣也不为过。

林纾的小说是经由北大法科学生张厚载之手转寄《新申报》发表的，张厚载写信给蔡元培说明情况，蔡元培回信批评张某的做法有欠妥当，既非爱护其师林纾，也非爱护母校北大。在这封回信中，蔡元培表明了自己对《荆生》和《妖梦》的看法："仆生平不喜作谩骂语轻薄语，以为受者无伤，而施者实为失德。林君詈仆，仆将哀矜之不暇，而又何憾焉。"蔡元培的大度宽容真是常人望尘莫及的。

此后不久，林纾在《公言报》（此报专与北大为敌，专与新文化运动为难）上发表致蔡元培的公开信，这一回他跳将出来，攻击北大的教育"覆孔孟，铲伦常"，"尽废古书，行用土语为文字"，他纯粹以谣言为依据，如此荒腔野板："乃近来尤有所谓新道德者，斥父母为自感情欲，于己无恩。此语一见之随园文中，仆方以为拟于不伦，斥袁枚为狂谬；不图竟有用为讲学者，人头畜鸣，辩不屑辩，置之可也。"这段话的意思是："近来有些讲新道德的人，贬斥父母因为自身情欲发作才孕育了儿女，对自己并无恩德。这句话在袁枚的文章中可以见到，我认为这是不符合人伦的，应斥之为狂妄荒谬；没想到竟然有教授拿它来讲学，他长着人脑袋，却发出畜生的叫声，不值得与之辩论，放在一边就行了。"蔡元培答复时特意指出林纾笔下的这个典故出自于《后汉书·孔融传》,路粹枉状弹劾孔融,致使后者遭遇杀身之祸。袁枚只不过拾古人的牙慧,并非原创。林纾听信传言,妄加指责,捡根柴棍当枪使,实在有些贻笑大方。林纾展读蔡元培的公开答复,身在自家书斋,也必定面红耳赤,汗出如浆吧。

在答复林纾的公开信中,蔡元培阐明了自己的两项主张:"(一)对于学术,仿世界各大学通例,循'思想自由'原则,取兼容并包主义,与公所提出之'圆通广大'四字,颇不相背也。无论为何种学派,苟其言之成理,持之有故,尚不达自然淘汰之运命者,虽彼此相反,而悉听其自由发展。(二)对于教员,以学诣为主。在校讲课,以无背于第一种主张为界限。其在校外之言动,悉听自由,本校从不过问,亦不能代负责任。例如复辟主义,民国所排斥也,本校教员中,有拖长辫而持复辟论者,以其所授为英国文学,与政治无涉,则听之。筹安会之发起人,清议所指为罪人者也,本校教员中有其人,以其所授为古代文学,与政治无涉,则听之。嫖、赌、娶妾等事,本校进德会所禁也。教员中有喜作侧艳之诗词,以纳妾、狎妓为韵事,以赌博为消遣者,苟其功课不荒,并不诱学生而与之堕落,则姑听之。夫人才至为难得,若求全责备,则学校殆难成立。且公私之间,自有天然界限。……然则革新一派,即偶有过激之论,苟于校课无涉,亦何必强以其责任归之于学校耶?"对于胡适等人提倡白话文,林琴南诟病尤多,蔡元培的精确打击更为神准:"《天演论》《法意》《原富》等,原文皆白话也,而严幼陵译为文言。小仲马、狄更斯、哈德等所著小说,皆白话也,而公译为文言。公能谓公及严君之所译,高出于原本乎?"这一问,就问得林琴南哑口无言了。此外,蔡元培对林琴南宽待《红楼梦》《水浒传》的作者而苛责同时代的胡适、钱玄同、周作人,也不以为然,他强调,胡、钱、周等新文化运动的干将无不博极群书,并不是借白话文藏拙的"二把刀"(假内行)。

蔡元培的公开信以道理服人,以事实讲话,无懈可击,林纾笔头再厉害,也无隙可乘。对此话题,林纾从此噤声,也算是有服善之智和改过之勇吧。

守旧派并非个个都像林纾那样操切应对,甚至有人认为林纾以七十高龄"作晨鸡"、"当虎蹊"(挡住老虎的去路),写小说,骂群生,等于迎风撒尿,徒然弄得自己一身臊。严复就不肯接招,他以包容的心理说话:"优者自存,劣者自败,虽千陈独秀,万胡适、钱玄同,岂能劫持其柄?则亦如春鸟秋虫,听其自鸣自止可耳。林琴南辈与之较论,亦可笑也。"这段话的意思是:"优秀的人自然能生存,鄙陋的人自然会失败,即使有一千个陈独秀,一万个胡适、钱玄同,岂能劫持这道法则？这也像春天的鸟儿、秋天的虫子，听由它们自己鸣叫自己停止就行了。林琴南与他们较量辩论，庸人自扰，也未免太可笑了。"刘师培的观点更有意思：通群经才能治一经。没通经不敢吭声，通了群经不屑吭声。他不作任何辩驳，就等于作出了辩驳，简直就像装聋作哑的大禅师，能悄无声息地默杀一切。

北大学生很幸运，由于蔡元培的办学方针鼓励百家争鸣，他们仿佛漫步在山阴道上，千岩竞秀，万壑争流，自是大饱眼福，大饱耳福。学风丕变，人才蔚起，确为水到渠成。

在旧势力依然磐固的环境里，以效益论，激烈对抗反不如稳健从事。蔡元培能在北大取得成功，决非偶然。比如男女同校，当时是很难办的事情，北京好一点的戏楼（广和楼、富连成社）不卖堂客票，女人不能进去听戏。次一等的戏楼，也是另开一门，标明"堂客由此进"，男女之分，壁垒森严。因此北大招收女生，实行男女同校，就绝非不起眼的小举措了。蔡元培的做法很稳当，他先让女生旁听，然后再行招考，并不向教育部明文通报，以免碰硬钉子，反为不美。他心明眼亮，早瞅准了教育部的规定（是他在教育部总长任内制定的）并无禁止女生上大学的条款。那些反对者眼见木已成舟，社会舆论偏向于赞成男女同校，也就不再横加指责了。

最巧妙的是，蔡元培引经据典，将自由、平等、博爱（他译为"友爱"）这一法国大革命时代所标举的公民道德纲领推演出与中国文化相对应的解释："自由者，'富贵不能淫，贫贱不能移，威武不能屈'是也，古者盖谓之'义'；平等者，'己所不欲，勿施于人'是也，古者盖谓之'恕'；友爱者，'己欲立而立人，己欲达而达人'是也，古者盖谓之'仁'。"此说一出，那些习惯訾议诋诃自由、平等、博爱的封建卫道士，弯弓搭箭，茫然迷失标靶，只好敛怒收声，哪儿凉快待哪儿去。斗士陈独秀喜欢打南拳，虎虎生威，刚猛之极。智士蔡元培则擅长于太极推手，柔若无声，四两拨千斤。

在北大，蔡元培的权威也曾受到过挑战。当年，北大学生不肯交纳讲义费，为此包围红楼。面对气势汹汹的数百名学生，蔡元培挺身而出，他厉声质问道："你们闹什么？"为首的学生讲明来由："沈士远（北大庶务部主任）主张征收讲义费，我们来找他理论！"蔡元培说："收讲义费是校务会议决定的，我是校长，有理由尽管对我说，与沈先生无关。"这时，学生中有人恶语相向："你倚老卖老！"蔡元培毫无惧色，他挥拳作势，仿佛怒目金刚，公开叫阵："你们这班懦夫！我是从明枪暗箭中历练出来的，你们若有手枪炸弹，只管拿来对付我，站出来跟我决斗！谁要是敢碰一碰教员，我就揍他。"当时，观者如堵，听闻先生此言，无不面面相觑。五十岁的老校长平日驯如绵羊，静若处子，现在忽然摇身一变，变成了拼命三郎，变为了正义之狮，大家都傻了眼。蔡元培的可畏之处在此，可敬之处在此，可爱之处也在此，一旦显露无遗，千人为之拜服。学生自觉理亏，满怀敌意受此激荡，竟霍然消解了。学生收了队，讲义费呢？教务长顾孟余答应延期收取，实则无限延搁。北大的这场"讲义风潮"仍是学生占到上风，蔡元培心知尾大不掉，也无可奈何。

在北大，蔡元培重视美育，并且亲自授课。蔡元培所提倡的美育是美感之教育，他说："美感是普遍性，可以打破人我彼此的偏见；美学是超越性，可以破除生死利害之顾忌，在教育上应特别注意。"他还说："美感者，合美丽与尊严以言之，介乎现象世界与实体世界之间而为津梁。……在现象世界，凡人皆有爱恶惊惧喜怒哀乐之情，随离合生死祸福利害之现象而流转。至美术则以此等现象为资料，而能使对之者自美感以外，一无杂念。例如……火山赤舌，大风破舟，可骇可怖之景也，而一入图画，则转堪展玩。"审美无疑是一种有待培养的能力，常人的层次较低，机会也有限，蔡先生以美育代宗教的主张就成为了"过高之理"，终于停留在纸面上。

早在爱国学社任教时,蔡元培就曾断发短装,与学员一同练过正步。在北大,蔡元培也特别重视体育,他添设兵操、射击和军事学等课程,聘请军事专家蒋百里、黄郛等人任教习。中国大学生实行军训,自北大始,应属无疑。北大学生军最光荣的历史是:1925年孙中山到北京时他们去前门车站担任欢迎和警卫的任务,还去铁狮子胡同孙中山的住处轮流站岗。据林语堂《记蔡孑民先生》一文所述:当年他在清华教书,有事去北大见蔡元培,"最使我触目的,是北大校长候客室当中玻璃架内,陈列一些炸弹,手榴弹!我心里想,此人未可以外貌求之,还是个蘧伯玉吧"。蘧伯玉名瑗,是春秋时期卫国的头号大贤人,是孔子的好友,他最为人称道的就是"行年五十而知四十九年非",知过就改,精进不息。蔡先生年方五十,林语堂将他与蘧伯玉作比,确有深意存焉。

但凡了解蔡元培的人就知道他自奉甚谨的"三不主义"("一不做官,二不纳妾,三不打麻将"),他出掌北京大学,是为教育尽力,并不是来当官,其萧然物外的书生本色一点也没变。有一次,冯友兰为弟弟冯景兰办理北大预科肄业证明书,由于时间紧迫,为了省去中间环节,便直接去景山东街北大校舍的一所旧式院落找蔡元培签字。他见到的景象是这样的："校长室单独在一个大院子中，我走进院门，院子中一片寂静，校长室的门虚掩着，门前没有一个保卫人员，我推开门走进去，外间是一个大会客室兼会议室。通往里间的门也虚掩着，门前没有秘书，也没有其他职员。我推开门进去，看见蔡先生一个人坐在办公桌前看文件。"冯友兰当时的印象很深，蔡校长显然不是官员，而是学者，甚至是一介寒儒。若将林语堂的所见与冯友兰的所见合在一处看，就真是相映成趣了，蔡元培从来就不是心口相违的人。

在五四运动之前，由于北大师生的言论主张过于激烈，北洋政府将北大视为眼中钉、肉中刺，对蔡元培施加了很大的精神压力。有一天晚上，蔡元培在家中与两位谋客商量对策，其中一位谋客劝告蔡元培趁早解聘陈独秀，制约胡适，以保全北大的命脉，为国家保存读书种子，这样的说法似是而非。另一位谋客别无高见，也从旁附和。他们苦口婆心劝了许久，蔡先生终于站起身来，正气凛然地说："这些事我都不怕，我忍辱至此，皆为学校。但忍辱是有止境的。北京大学一切的事，都在我蔡元培身上，与这些人毫不相干！"若非蔡元培硬扛硬顶和巧妙周旋，北大那片息壤早被军阀政府的铁蹄践踏得寸草不生了，还哪有什么新文化运动的硕果可以结出？

据周策纵《五四运动史》所记,"五四"前夕,蔡元培召见过北大学生领袖狄福鼎,明确告诉后者,他对学生的爱国举动深表同情。

五四学潮,闹出的动静的确很大。十二校学生出于爱国赤诚,不仅打伤了被指斥为卖国贼的驻日公使章宗祥,还纵火焚毁了同属亲日派的交通总长兼交通银行总理曹汝霖的豪宅(赵家楼)。此次学潮,北大学生是理所当然的先锋和主力,被捕者也是多数,三十二人中占去二十人。北京大学生的爱国正义之举立刻博得了全国舆论的广泛同情和支持。蔡元培毫不畏惧军阀政府的淫威,联合学界进步人士,极力营救被捕学生,三位重量级人物汪大燮(前国务总理)、王宠惠(前司法总长)、林长民(前司法总长)也联名具呈警察总监吴炳湘,自愿充当被捕学生的保释人,以为"国民为国,激成过举,其情可哀"。众多长者的努力总算没有白费,爱国学生于5月7日脱身囹圄,重获自由。

当时,外间传言满天飞,最耸人听闻者有二,其一是总统徐世昌要严办北大校长,安福系军阀甚至悬红要刺杀蔡元培;其二是盛传陆军次长徐树铮已命令军队把大炮架在景山上,将炮口对准北大。不管传言是否可信,形势总是咄咄逼人。1919年5月9日,蔡元培深夜出京,报上登出他的辞职公告,引用《白虎通》中的话，词颇隐晦："我倦矣！'杀君马者道旁儿'，'民亦劳止，汔（qì，差不多）可小休'。我欲小休矣。北京大学校长之职，已正式辞去。其他向有关系之各学校，各集会，自五月九日起，一切脱离关系。特此声明，唯知我者谅之。"这段话值得细细玩味。所谓"杀君马者道旁儿"，就是说那些在路边吆喝的人能让骑手忘乎所以地狂奔，最终必然累死坐骑才肯罢休。蔡元培已经意识到，五四学潮正迅速向全国蔓延，其势难控，那些想推举他做领袖的人何尝不是大声吆喝的路旁儿，"马"就是北大。他若再狂奔下去，马就必死无疑。所以他要悄然离京，为北大留下喘息之机。

　　蔡元培的辞职非同小可，引起全国学林的关注，都想了解他辞职的真实原因。天津的《大公报》为释众人之疑惑，刊出《由天津车站南下时的谈话》，透露了蔡元培辞职的内幕消息。一位朋友问蔡元培何以坚决辞职，蔡元培说："我不得不然。当北京学生示威运动之后，即有人频频来告，谓政府方面之观察，于四日之举，全在于蔡，蔡某不去，难犹未已。于是有焚烧大学、暗杀校长之计划。我虽闻之，犹不以为意也。八日午后，有一平日素有交谊、而与政府接近之人又致一警告，谓：君何以尚不出京！岂不闻焚烧大学、暗杀校长等消息乎？我曰：诚闻之，然我以为此等不过反对党恫吓之词，可置不理也。其人曰：不然，君不去，将大不利于学生。在政府方面，以为君一去，则学生实无能为，故此时以去君为第一义。君不闻此案已送检察厅，明日即将传讯乎？彼等决定，如君不去，则将严办此等学生，以陷君于极痛心之境，终不能不去。如君早去，则彼等料学生当无能为，将表示宽大之意敷衍之，或者不复追究也。我闻此语大有理。好在辞呈早已预备，故即于是晚分头送去，而明晨速即离校，以保全此等无辜之学生。我尚有一消息适忘告君。八日午后，尚有见告政府已决定更换北京大学校长，继任者为马君其昶。我想再不辞职，倘政府迫不及待，先下一免职令，我一人之不体面犹为小事，而学生或不免起一骚动。我之急于提出辞呈，此亦一旁因也。今我既自行辞职，而继任者又为年高德劭之马君，学生又何所歉然，而必起骚动乎。我之此去，一面保全学生，一面又不令政府为难，如此始可保全大学，在我可谓心安理得矣。"

如果说报纸上的文字难免失真，蔡元培于5月10日写给学生的公开信则字字出自肺腑："仆深信诸君本月四日之举，纯出于爱国之热诚。仆亦国民之一，岂有不满于诸君之理。唯在校言校，为国立大学校长者，当然引咎辞职。仆所以不于五日提出辞呈者，以有少数学生被拘警署，不得不立于校长之地位，以为之尽力也。今幸得教育总长、警察总监之主持，及他校校长之援助，被拘诸生，均经保释，仆所能尽之责，止于此矣。如不辞职，更待何时？至一面提出辞呈，一面出京，且不以行踪告人者，所以避挽留之虚套，而促继任者之早于发表，无他意也。北京大学之教授会，已有成效，教务处亦已组成，校长一人之去留，决无妨于校务，唯恐诸君或不见谅，以为仆之去职，有不满于诸君之意，故特在途中，匆促书此，以求谅于诸君。"从这封信，我们不难看出，蔡元培勇于负责，颇有大局观和全局观，他悄然离京，是为了事态能尽快得到缓和，使各方趋于冷静，也是对北洋军阀发出抗议，表明其不合作的严正立场。

时隔多年，蔡元培作回忆文章《我在北京大学的经历》，把他当年辞职的原因做了更清晰的梳理："……但被拘的虽已保释，而学生尚抱再接再厉的决心，政府亦且持不做不休的态度。都中宣传政府将明令免我职而以马其昶君任北大校长，我恐若因此增加学生对于政府的纠纷，我个人且将有运动学生保持地位之嫌疑，不可以不速去。"蔡元培的苦衷由此可见分明。个人的名利得失皆服从于大局的需要，这就是蔡先生的一贯作风。

为了挽留蔡元培，教育界极为齐心，不仅北大八教授去教育部请愿，而且北京各高校校长提出总辞职，连教育部长傅增湘也挂冠而去。军阀固然强悍野蛮，眼下见势不妙，只得让步。总统徐世昌老奸巨猾，但众怒难犯，他智穷力绌，别无良策，赶紧下令慰留蔡元培。然而蔡元培去意甚决，他于6月15日发表声明，措辞激烈：一、北京大学校长是简任职，是半官僚性质的，所以他绝对不能再做政府任命的校长；二、思想自由，是世界大学的通例，但北京大学却被强权干涉，所以他绝对不能再做不自由的大学校长；三、北京是个臭虫窠，无论何等高尚的事业，一到北京，便都染了点臭虫的气味，所以他绝对不能再到北京的学校任校长。一篇宣言，三个"绝对"，要让蔡元培回心转意，难度就大了。

当年，在北大，有几只著名的"兔子"，蔡元培，陈独秀，胡适，刘半农，四人都属兔，被人称为"兔子党"。完全可以这么推论，假若陈独秀、胡适先生只有《新青年》这个作战的堡垒，缺少北大这个讲学的营盘，没有北大教授这个堂堂正正的身份，新文化运动就不可能具有高屋建瓴之势，不可能收获摧枯拉朽之功。假若蔡元培不崇尚法国大革命的精神，不主张学术自由，不倡导"读书不忘爱国"，五四运动就不会轰轰烈烈地开展起来。这个推论可算有理有据。

蔡元培颇有先见之明，不愧为大智者，从一开始，他就对学生运动的后果忧心忡忡。蒋梦麟在回忆录《西潮·新潮》中写道："他从来无意鼓励学生闹学潮，但是学生们示威游行，反对接受凡尔赛和约中有关山东问题的条款，那是出乎爱国热情，实在无可厚非。至于北京大学，他认为今后将不容易维持纪律，因为学生们很可能为胜利而陶醉。他们既然尝到权力的滋味，以后他们的欲望恐怕难以满足了。"

五四运动后，北大学生对于政治过分热心，对于权力愈益迷恋，蔡元培针对这一不良苗头，倡导"救国不忘读书"，予以矫正。他不赞成二十岁以下的学生走上街头参与政治活动，不喜欢在大学校园里政治气息浓过学术氛围。然而五四运动之后，北大学生身上的政治标签日益彰显，最终完全走到了蔡元培愿望的反面去，他对此也无可奈何。

五四运动促使中国人解放了被缚的普罗米修斯，也诱使中国人开启了潘多拉匣子（古希腊神话中的魔匣，善恶俱在其中）。是非功罪，迄今争议不休，尚无定论。只有一点是确定无疑的，蔡元培领导的北大成为了中国学术界的重镇，也成为了国共两党的人才基地。

1920年4月，蔡元培在《新青年》上发表《洪水与猛兽》一文，指出洪水（新思潮）自有洪水的好处，就看谁能疏导它；猛兽（军阀）自有猛兽的可怕，就看谁能驯服它。这篇短文只有六百余字，摆事实，讲道理，令人信服。蔡先生巧妙地将了保守派一军：

> 二千二百年前，中国有个哲学家孟轲，他说国家的历史常是"一乱一治"的。他说第一次大乱是四千二百年前的洪水，第二次大乱是三千年前的猛兽，后来说到他那时候的大乱，是杨朱、墨翟的学说。他又把自己的距杨、墨比较禹的抑洪水、周公的驱猛兽。所以崇奉他的人，就说杨、墨之害，甚于洪水猛兽。后来一个学者，要是攻击别种学说，总是袭用"甚于洪水猛兽"这句话。譬如唐、宋儒家，攻击佛、老，用他；清朝程朱派，攻击陆王派，也用他；现在旧派攻击新派，也用他。
>
> 我以为用洪水来比新思潮，很有几分相像。他的来势很勇猛，把旧日的习惯冲破了，总有一部分的人感受苦痛；仿佛水源太旺，旧有的河槽，不能容受他，就泛滥岸上，把田庐都扫荡了。对付洪水，要是如鲧的用湮法，便愈湮愈决，不可收拾。所以禹改用导法，这些水归了江河，不但无害，反有灌溉之利了。对付新思潮，也要舍湮法用导法，让他自由发展，定是有利无害的。孟氏称"禹之治水，行其所无事"，这正是旧派对付新派的

好方法。

至于猛兽,恰好作军阀的写照。孟氏引公明仪的话:"庖有肥肉,厩有肥马,民有饥色,野有饿莩,此率兽而食人也。"

现在军阀的要人,都有几百万几千万的家产,奢侈的了不得,别种好好作工的人,穷的饿死;这不是率兽食人的样子么?现在天津、北京的军人,受了要人的指使,乱打爱国的青年,岂不明明是猛兽的派头么?

所以中国现在的状况,可算是洪水与猛兽竞争。要是有人能把猛兽驯服了,来帮同疏导洪水,那中国就立刻太平了。

在乱世,洪水不易疏导,猛兽也不易驯服,洪水泛滥,猛兽食人,总归是常态,太平的愿景不易成为现实。

1923年初,为抗议北洋军阀政府任命"早已见恶于国人"的政客彭允彝为教育总长,蔡元培发表《不合作宣言》,随即辞去北大校长一职,他在辞呈中剖白心迹:"元培目击时艰,痛心于政治清明之无望,不忍为同流合污之苟安,万不忍于此种教育当局之下支持教育残局,以招国人与天良之谴责!"这次辞职,不同于上次,蔡元培确实去意已决。同年7月,他携新婚妻子周峻前往欧洲旅行和考察。1926年6月,蔡元培回国后不久,即在上海致电国务院,永久辞去北大校长一职。翌年,国民政府成立,蔡元培出任大学院院长,其北大校长的名义才正式取消,他与北大的十年半缘分至此完结。

可以这么说:蔡元培成就了北大,使之成为名副其实的最高学府;北大也成就了蔡元培,使之成为德高望重的教育领袖。二者双赢,相得益彰。

唯仁者能爱人

世间的人雄人杰莫不具有龙马精神。蔡元培的书房中挂着一幅刘海粟为他绘制的画像,上面的题词是:"其为人也,发愤忘食,乐以忘忧,亦不知老之将至。"

世间的人雄人杰也莫不是至情至性之人。罗家伦等多位蔡门弟子都曾忆及一件往事:在"七七"事变前两年,强邻虎视眈眈,战争的阴霾日益浓厚。蔡元培到南京,国民政府行政院长兼外交部长汪精卫请他共进晚餐,用的是西膳。蔡元培苦口婆心,劝汪精卫改变亲日立场,收敛亲日行为,表明严正态度,将抗战的国策确立不拔。蔡元培说:"关于中日的事情,我们应该坚定,应该以大无畏的精神抵抗,只要我们抵抗，中国一定有出路。"言犹未毕，蔡元培的眼泪脱眶而出，滴到了酒杯中，他旋即端起那杯掺泪的葡萄酒，一饮而尽。听其言而观其行，举座动容，无不肃然起敬，汪精卫则如坐针毡，神情尴尬，只好顾左右而言他。爱国，有可能彰显为叱咤风云，也有可能表现为温言规劝。汪精卫若能听从蔡先生的忠告，不复一意孤行，日后又何至于堕落成汉奸，身败名裂呢？

凡师长、朋友、同事、门生，都众口一词地肯定蔡元培是难得的忠厚长者，与人无忤，与世无争，但也不约而同地认为蔡元培临大节而不可夺，坚持原则，明辨是非，"柔亦不茹，刚亦不吐"，绝对不是那种只知点头如公鸡啄米、堆笑如饿汉盛饭的好好先生，更不是那种八面玲珑的水晶球。蒋梦麟是蔡元培的早期弟子，且与蔡元培共事多年，最知乃师之性格，他在回忆录《西潮·新潮》中写道："他从来不疾言厉色对人，但是在气愤时，他的话也会变得非常快捷、严厉、扼要——像法官宣判一样的简单明了，也像绒布下面冒出来的匕首那样的尖锐。"蔡元培应小事以圆，处大事以方，他"躬自厚而薄责于人"，态度极和蔼，使人如坐春风。凡是了解蔡先生的人都清楚，他所讲求的"和"，不是和稀泥的"和"，而是"君子和而不同"的"和"，不可通融的事情他一定不会通融，不该合作的事情他一定不会合作。

蔡元培是古风犹存的君子，"可以托六尺之孤，可以寄百里之命，临大节而不可夺也"，"可亲而不可劫也，可近而不可迫也，可杀而不可辱也"，"可以欺以其方，难罔以非其道"。这样浑朴的君子，德操、器量、才学、智慧完备，四项整齐，无一项是短板。

禅家为使弟子顿悟猛省，或不免使用棒喝甚至用木叉叉脖子之类的极端手段。教育家则有别于此，他们通常都要循循善诱，诲人不倦。黄炎培就读于南洋公学特班时，蔡元培是他的老师，他记忆中的情形是："全班四十二人，计每生隔十来日聆训话一次。入室则图书满架，吾师长日伏案于其间，无疾言，无愠色，无倦容，皆大悦服。……吾师之深心，如山泉有源，随地涌现矣。"

教育家胡元倓曾用八个字形容蔡元培："有所不为，无所不容。"有所不为者，狷洁也，非义不取，其行也正。无所不容者，广大也，兼收并蓄，其量也宏。蔡元培是一位对事有主张、对人无成见的长者。他一生从善如流，却未尝嫉恶如仇，有容乃大，真可谓百川归海而不觉其盈。

最有说服力的例子应数辜鸿铭对蔡元培的尊重，这位脑后垂着长辫的满清遗老不仅精通数门外国语言，而且天生傲骨，目中无人，袁世凯是何许强梁？辜鸿铭却将此公与北京街头刷马桶的老妈子等同视之。但古怪之极的辜老头子特别信服一个人，这人就是蔡元培。辜鸿铭曾在课堂上对学生宣讲："中国只有两个好人：一个是蔡元培，一个是我。因为蔡元培点了翰林之后，不肯做官，就去革命，到现在还是革命；我呢？自从跟张文襄（张之洞）做了前清的官员以后，到现在还是保皇。"1919年6月初，北大教授在红楼开会，主题是挽留校长蔡元培，众人均无异议，问题只是具体怎么办理，拍电报呢？还是派代表南下？大家轮番讲话，辜鸿铭也登上讲台，赞成挽留校长，他的理由特别与众不同——"校长是我们学校的皇帝，非得挽留不可"，这么一说就显得滑稽了。好在大家的立场和意见一致，才没人选择这个时候跟辜老头子抬杠。有趣的是，梁漱溟后来也称蔡元培好比汉高祖，他本人无须东征西讨，就可集合天下英雄，共图大事，打了败场总能赢回来。

  1922年，蔡元培以北大校长的资格考察欧美教育，乘船到纽约时，纽约的中国留学生去码头迎接他，发现他只有很少的行李，没带秘书，也没带随从，竟然是孤身一人，独往独来，就像一位老留学生。他没去惊动中国驻纽约的领事馆和大使馆的外交人员，就住在哥伦比亚大学的小旅馆里。杨荫榆看到大家众星捧月的情景，不禁感叹道："我算是真佩服蔡先生了。北大的同学都很高傲，怎么到了蔡先生的面前都成了小学生了。"在那次欢迎会上，蔡元培先讲故事，一个人学到了神仙的法术，能够点石成金，他对自己的朋友说，往后你不必愁苦了，你要多少金子，我都点给你。那个朋友却得寸进尺，他说，我不要你的金子，我只要你的那根手指头。全场哄然大笑。蔡元培讲这个故事，用意是要启发中国留学生，学习专门知识固然重要，掌握科学方法才是关键，他说："你们掌握了科学方法，将来回国后，无论在什么条件下，都可以对中国做出贡献。"老校长的这番谆谆教导已足够大家欢喜受用了。

唯仁者能爱人，这话是不错的。蔡元培心地善良，平生不知道如何拒绝别人的求助。晚年，他为人写推荐信，每日总有数封，多则十余封，几乎到了有求必应的地步。傅斯年在《我所景仰的蔡先生之风格》一文中揭示了蔡先生的仁者心法："大凡中国人在法律之应用上，是先假定一个人有罪，除非证明其无罪；西洋近代法律是先假定一个人无罪，除非证明其有罪。蔡先生不特在法律上如此，一切待人接物，无不如此。他先假定一个人是善人，除非事实证明其不然。凡有人以一说进，先假定其意诚，其动机善，除非事实证明其相反。如此办法自然要上当,但这正是孟子所谓'君子可欺以其方,难罔以非其道'(君子可以拿合乎情理的事去欺骗他,却不可以用不合情理的事去蒙蔽他)了。"

九一八事变后,南京学潮骤然形成巨浪狂涛,身为特种教育委员会委员长,蔡先生尝到了"自由之精神"的苦头。1931年12月14日,蔡元培在国府做报告时提醒学生,国难期间,开展爱国运动决不能以荒废学业为代价,他强调:"因爱国而牺牲学业,则损失的重大,几乎与丧失国土相等。"这样的话,左派学生是不爱听的。翌日,数百名学生齐集国民党党部门口请愿,蔡元培和陈铭枢代表中央与学生交涉,结果话不投机,蔡元培先生还没说上两句话,即被学生拖下台阶,陈铭枢则被学生团团围住,木棍击头,当场昏厥。对于当天的突发事件,报纸上是这样记载的:"蔡年事已高,右臂为学生所强执,推行半里,头部亦受击颇重。"其后蔡元培被警察解救,旋即送往医院,所幸并无大碍。一位是杏坛元老,一位是国军上将,当众受此折辱,在乱哄哄的20世纪30年代,这并不是孤立的个案,国民政府外交部长王正廷还曾被冲进办公室的学生连抽两记耳光,为此他愤然辞职。蔡元培对局势深感忧虑,但学生运动已经失控,他爱莫能助,三天后,"珍珠桥惨案"死伤学生三十余人。

抗战初期，蔡元培因病滞留香港，有位素不相识的青年不嫌路途遥远，竟从重庆寄来快信，自称是北大毕业生，在重庆穷困潦倒，无以为生，请求蔡元培伸出援手，将他推荐给适当的用人单位。蔡元培当即致函某机关负责人，称那位青年学有所成，这封推荐信不久即发生效力。然而那位青年到差时，所出示的毕业证书并非北大签发。某机关负责人赶紧写信询问蔡元培，是否真的了解那位青年的底细。蔡元培回复对方：不必在意那位青年是不是北大生，只要看他是不是人才。如果他徒有北大毕业证书而不是人才，断不可用；如果他没有北大毕业证书而是人才，仍当录用。你有用人之权，我尽介绍之责，请自行斟酌。结果那位青年得到了这份差事，他来信向蔡元培道歉，感谢蔡元培对他的再造之恩。蔡元培回信时，没有只字片言责备对方蒙骗欺罔，反而勉励对方努力服务于社会。从这件事情，我们不仅能见识蔡元培恢弘的器局，也能见识他善良的心地。当年，外间议论蔡元培的推荐信写得太滥，有的官员收到他的推荐信后，一笑置之。殊不知蔡元培助人为乐，体现了一种难得的服务于社会的精神。

蔡元培不惮烦劳，为青年人写推荐信，除了爱惜人才，也因为他有一个定见："希望在中年人青年人身上。为这些人挺身请命，披荆斩棘，是老年人的义务！"然而，有大力有高位的人与蔡元培同调的并不多，"坎坎伐檀"者倒是不少。

在那个时代，最难做到的无疑是男女平等，对此一端，蔡元培颇为留意。早在1901年冬，蔡元培与知书达理的黄仲玉女士在杭州结为伉俪，举行文明婚礼。正堂设孔子的神位，代替普通的神道，如果说这还算中规中矩，那么以演说会代替闹洞房，就着实有点新鲜了。首先，由陈介石引经证史，阐明男女平等的要义，然后由宋平子辩难，他主张实事求是，勿尚空谈，应以学行相较，他的原话是："倘若黄夫人的学行高出于蔡鹤卿，则蔡鹤卿当以师礼待黄夫人，何止平等呢？反之，若黄夫人的学行不及蔡鹤卿，则蔡鹤卿当以弟子视之，又何从平等？"在场的人觉得很有兴味，都想听听新郎倌的高见，于是蔡元培折衷两端："就学行言，固然有先后之分；就人格言，总是平等的。"此言一出，皆大欢喜，举座欣然。蔡元培平日给夫人写信，信封上从来都是写明夫人的姓字，绝对不写"蔡夫人"，或在夫人姓字上加一个"蔡"字。世上多有新派言论、旧派做法的大人先生，蔡元培主张男女平等，乃是言行如一。1920年底，黄仲玉不幸病逝。其时，蔡元培在欧洲考察，他含泪写下祭文《祭亡妻黄仲玉》，一往而情深："呜呼仲玉，竟舍我而先逝耶！自汝与我结婚以来，才二十年，累汝以儿女，累汝以家计，累汝以国内、国外之奔走，累汝以贫困，累汝以忧患，使汝善书、善画、善为美术之天才，竟不能无限之发展，而且积劳成疾，以不能尽汝之天年。呜呼，我之负汝何如耶！"蔡元培一生有三段婚姻，与王昭的结合是包办婚姻，彼此能够相敬相惜，与黄仲玉和周峻的结合是自由婚姻，彼此能够相爱相知。蔡元培的家庭教育非常成功，他赞成儿女各自发展个人兴趣，崇尚实学，不以做官为目标，他的儿女多有出息，女儿蔡威廉是国内有名有数的画家，儿子蔡无忌是畜牧兽医专家，儿子蔡柏龄是物理学家，女儿蔡睟盎是社科院上海分院的研究员。

蔡元培有一种超然的态度，平日集会，其言讱讱，如不能出诸口，但与人交接，则侃侃如也，他最爱谈论的话题并非时事，而是教育、思想和文化。当教育部长也好，当北大校长也好，当大学院院长也好，当中央研究院院长也好，蔡元培偏于理想，始终只负责确立宗旨，制定方针，他并不束缚于行政。很显然，蔡元培知人善用，他总能擢选到好搭档，如范源濂、蒋梦麟、杨杏佛、丁文江、傅斯年，个个都是治学的高才，治事的能手，为他打理实际事务，充当大护法。对此，胡适在1935年7月26日致罗隆基的信中有一段恰如其分的评价："蔡先生能充分信用他手下的人，每委人一事，他即付以全权，不再过问；遇有困难时，他却挺身负全责；若有成功，他每啧啧归功于主任的人，然而外人每归功于他老人家。因此，人每乐为之用，又乐为尽力。亦近于无为，而实则尽人之才，此是做领袖的绝大本领。"诚然，蔡元培无为而治，治绩有目共睹。原因只有一个：那些大名鼎鼎的学者无不发自内心地敬重蔡元培，乐于为他效命，他的凝聚力和向心力是最大的。无论在哪儿，蔡元培都能聚拢人才，提携人才。

蔡元培唯一受到外界诟病和攻讦的就是他在1927年至1931年这四年间立场坚定地反共，甚至是"清党运动"的前台主将。一个向来主张"兼容并包"的蔼蔼仁者怎么会旗帜鲜明地反共清共呢？对于这个问题，蔡元培的女儿蔡睟盎提供了一个非常接近事实的答案："苏联共产党派来的鲍罗廷说，中国要完成社会主义革命，需要付出五百万人的生命。我父亲认为中国是个很虚弱的国家，经受不起大吐大泻，所以他反对暴力革命。"但蔡元培反共与强硬派代表吴稚晖不同，他并不主张以暴制暴，以杀人的方式铲除异端，这从来都不是他心目中的优选方案。大陆出版的《蔡元培全集》有意为贤者讳，将蔡元培这四年的反共言论悉数剔除，这就未免违反了全集"兼容并包"的原则。

"是真虎乃有风"

中国古代的道学家讲究气象,譬如说,周敦颐的气象是"光风霁月",程颢的气象是"纯粹如精金,温润如良玉"。蔡元培的气象该如何形容?

林语堂在《想念蔡元培》一文中有这样一段话:"论资格,他是我们的长辈;论思想精神,他也许比我们年轻;论著作,北大教授很多人比他多;论启发中国新文化的功劳,他比任何人大。"诚然,我私心里认定,林语堂先生所说的"大",即是大师之"大"。这个"大"字就是蔡元培的气象。

大师必须是仁智双修的学人,而且是学人中百不得一的通人。学人难在精深,通人难在淹博。学人守先待后,自我作古即堪称高明,唯通人才能开通一代文化之风气。蔡元培的主要著作有《石头记索隐》、《教授法原理》、《中国伦理学史》、《美育实施的方法》和《华工学校讲义》,这绝对算不上著作等身,也算不上学问精深,但他是一位真正的大师。培养人才,引领风气,为国家种下读书、爱国、革命的种子,近百年间,蔡元培的功力和成就无人可及。傅斯年在《我所景仰的蔡元培之风格》一文中赞扬道:"蔡元培实在代表两种伟大的文化,一是中国传统圣贤之修养,一是法兰西革命中标揭自由、平等、博爱之理想。此两种伟大文化,具其一已难,兼备尤不可觏。"此言不虚。

中国社会对人才一向求全责备,因此完人比外星人更罕见。孔夫子堪称道德的楷模,就因为他与卫灵公的美貌夫人南子有那么一点风不可捕、影也难捉的小暧昧,仍不免为后人所诟病,孔夫子要做完人尚且无法全票通过,做完人之难不言而喻。传统意义上的完人必须立德、立功、立言,三者缺一不可,不仅要在公共事务方面恪尽责任,大有建树,广有收获,而且在个人私德方面也不能留下任何瑕疵,蔡元培就正是这样的士林典范。

1940年3月5日,蔡元培在香港逝世,全国哀挽,蒋梦麟的挽联是"大德垂后世,中国一完人",吴稚晖的挽联是"平生无缺德,举世失完人",这样的推崇,这样的评价,别人是绝对担当不起的,蔡元培则可以受之而无愧。痛失老校长,傅斯年曾想写一篇《蔡先生贤于孔子论》,可惜他的想法没有兑现,要不然,那绝对是一篇好文章。

蔡元培具有淡泊宁静的志怀和正直和平的性行,我们称赞他为"大师"和"完人",这仍然是瞎子摸象,偏执一端,其实,他何尝不是一位白刃可蹈、虽千万人吾往矣的斗士。

他与清廷斗过，与袁世凯斗过，与北洋军阀斗过，与蒋介石斗过，多次名列通缉令，多次收到恐吓信，走在生死边缘何止一遭两遭。晚年，他与宋庆龄、杨杏佛发起组织中国民权保障同盟，营救一切爱国的革命的政治犯，竭力为国家、民族保存一二分元气。他料理鲁迅的丧事，刊刻鲁迅的遗集。他主持杨杏佛的葬礼，谴责特务暗杀爱国志士的卑劣行径。这些举动无一不是公开与当局唱反调，没有大无畏的精神能行吗？

1940年3月，冯友兰撰《蔡先生的一生与先贤道德教训》，对蔡元培的人格有透彻的认识和分析。他说，"蔡先生的人格，是中国旧日教育的最高底表现"，个人行为温良恭俭让，很容易与人合，但遇大事自有主张，"身可危而志不可夺"，因此又极不易与人合，遇有不合，便洁身而退。他感到遗憾的是蔡元培"未死在重庆（政府所在地）或昆明（中央研究院所在地）而死在香港"。

王世杰曾任北大教授，他在《追忆蔡元培》一文中写道："蔡先生为公众服务数十年，死后无一间屋，无一寸土，医院药费一千余元，蔡夫人至今尚无法给付，只在那里打算典衣质物以处丧事，衣衾棺木的费用，还是王云五先生代筹的……"老辈学人最不可及的地方就在此处：他们追求真理，不愧屋漏；他们坚守信念，不避刀俎；他们真正有以身殉道的精神，将知与行打成一片，决不与时俯仰，与世浮沉，决不放空言讲假话，于一己之艰难处境，甚少挂怀，甚少计虑。蔡元培念念不忘"学术救国，道德救国"，其人格魅力，其爱国精神，至死而光芒不减分毫。

域外学者对蔡元培同样推崇备至，其中最具代表性的人物便是美国哲学家杜威，他说："拿世界各国的大学校长来比较一下，牛津、剑桥、巴黎、柏林、哈佛、哥伦比亚等等，这些校长中，在某些学科上有卓越贡献的固然不乏其人；但是，以一个校长身份，而能领导那所大学对一个民族、一个时代起到转折作用的，除蔡元培而外，恐怕找不到第二个。"循着这个话头，多年后，冯友兰在《中国哲学史新编》第七卷中特意指出："杜威的论断是中肯的，我还要附加一句：不但在并世的大学校长中没有第二个，在中国历代的教育家中也没有第二个。"这两位中美哲人对蔡元培的奖誉如此之高，简直到了无以复加的程度，足见其显在的价值超越学术和政治之上，已升华为教育理想的化身。

朱熹尝言："是真虎乃有风。"蔡元培无疑是中国教育界的一头真虎，其风范垂之后世，令人景仰，着实值得一赞而三叹之。

梅贻琦

寡言君子

要有勇气做一个平凡的人,不要追求轰轰烈烈。

一个人一辈子若能做成一件大事，留下一句哲言，就可算功德圆满。梅贻琦（1889—1962）大半辈子服务于清华，使它声名鹊起，将它提升为国内数一数二的名牌大学，这绝对是办成了一件大事。他说过，"所谓大学者，非谓有大楼之谓也，有大师之谓也"，此语广为流传，至今仍为人津津乐道，这绝对是留下了一句哲言。尽管它是从美国霍布根斯大学创办者吉尔曼校长的名言"Man, not buildings"化来，但化得妙至颠毫，化出了百分之百的中国味，他用孟子的名句"所谓故国者，非谓有乔木之谓也，有世臣之谓也"作旧瓶，装入了来自大洋彼岸的新酒。蔡元培就任北大校长时说过，"大学者，研究高深学问者也"，话不糙，理也不糙，但仔细品咂，总觉得梅贻琦的那句话言近而指远，更耐人寻味。

梅贻琦主张"行胜于言"，他曾说，"为政不在多言，顾力行何如耳"。他爱做实事，肯干难事，能办大事，是知行合一的典范。学者、外交家叶公超用"慢、稳、刚"三个字形容梅贻琦，深得要领："……梅先生的慢，在他的说话上，往往是因为要得到一个结论后他才说话。因为说话慢，所以他总是说话最少；因为说话少，所以他的错误也最少。陈寅恪先生有一次对我说：'假使一个政府的法令，可以像梅先生说话那样谨严，那样少，那个政府就是最理想的。'因为他说话少而严谨，他做人和做事也就特别的严谨，天津人叫'吃稳'，梅先生可以当之无愧。当然梅先生是一个保守的人，但在思想上非常之新，在做事的设计方面也非常之新；在个人生活方面，他非常之有条理而能接受最新的知识。他有一种非常沉着的责任感，是我最钦佩的。……梅先生是一个外圆内方的人，不得罪人，避免和人摩擦；但是他不愿意做的事，骂他打他，他还是不做的。他处世为人都以和平为原则，而且任何事总是不为已甚。我对他的为人非常敬仰。"叶公超还在怀念文章中写道："梅先生是一位平实真诚的师友。……他有一种无我的selfless的习惯，很像希腊人的斯多噶学派stoic。他用不着宣传什么小我大我，好像生来就不重视'我'，而把他对朋友，尤其对于学生和他的学校的责任，作为他的一切。……最令人想念他的就是他的真诚。处在中国的社会，他不说假话，不说虚伪的话，不恭维人，是很不容易的一桩事。"一位智者讷于言而慎于行，他就能慢工出细活，稳如泰山，刚毅坚强而持之以恒。

清华大学的教授们竭诚拥戴梅贻琦，最根本的缘由就是他处事公平，待人诚恳，具有常人难以企及的服务精神和服务质量，有一位学者评价道："在现今条件下，服务有几个信条：(一)要肯做事；(二)要忠于所做的事；(三)要久于所做的事；(四)要专于所做的事。梅先生可谓具备这四个条件。"

学者谢泳在《过去的教授》一文中仔细计算过清华大学的经济账："梅贻琦掌管清华后规定：教授的收入为三百至四百元，最高可达五百元，同时每位教授还可以有一幢新住宅；讲师的工资为一百二十至二百元；助教为八十至一百四十元；一般职员三十至一百元；工人九至二十五元。我们可以发现各个级别之间的差距，教授的收入是一般工人的二十倍。从管理学的角度看，这种差距是有道理的，就如一个家庭，主妇的收入不超过保姆的十倍以上，她很难管理好这个保姆。"20世纪20年代，在北平学界流行一句顺口溜，"北大老，师大穷，唯有清华可通融"，择校者持之有故，择婿者亦言之成理。北大的历史更悠久，清华的学生更少俊，至于办学条件和师资水平，清华不仅可与北大抗衡，而且后来居上，在全国首屈一指。

与梅贻琦同时代的诸君子"誉满天下，谤亦随之"，胡适、陈独秀、傅斯年、蒋梦麟、罗家伦自不待言，就是一代宗师蔡元培亦难免遭小人微词、敌手非议，唯独梅贻琦是个例外，世人"翕然（xī rán，一致）称之"，这太不容易了。清华校史专家黄延复收集和研究过相当广泛的文字材料，而且一直抱持"苛求的心理"，搜寻时人和后人对梅贻琦的"异词"和"谤语"，却迄无所获。

清华人对梅贻琦的崇敬非比寻常，用一位校友的话可以概括："清华人对梅先生孺慕情深，像听戏的人对梅兰芳一样入迷，我们却是另一种梅迷。"

梅贻琦的慢

这个"慢"不是傲慢，不是怠慢，不是缓慢，也不是梅贻琦不惜时，不守时，而是指他从容不迫，张弛有度。大革命家黄兴一生教人"慢慢细细"，就是教人慢工出细活，急就章难成精品。

梅贻琦毕业于天津敬业中学堂（南开学校的前身），是张伯苓门下的得意弟子。1909年，他报考清华首批庚款留美公费生，可谓着时代之先鞭。张榜揭晓那天，看榜人个个心情急切而又紧张，唯独梅贻琦神色淡定，步履轻闲，不忙不慌,不忧不喜,单看他冷静的态度,旁人很难猜测出他是否已被录取。后来,大家在赴美的越洋客轮上聚首了,这才知道他叫梅贻琦。

那年月,中国公费生赴美留学,选修文科者居多,选修理科者次之,选修工科者少之又少。梅贻琦入美国东部吴士脱工业学院(Worcester polytechnic institute),攻读电机工程专业,于1914年获工学学士学位。七年后,他再次赴美,入芝加哥大学深造一年,获得机械工程学硕士学位,一度受聘为纽约大学讲师。美国的工业文明使梅贻琦大开眼界,理性告诉他,在短期之内,中国的发展速度无法由蜗牛之慢提升为骏马之疾,急功近利只会欲速则不达,唯有办好大学教育才能培元固本,奠定现代化的基石。嗣后,他语重心长,告诫行将赴美留学的青年:"诸君在美的这几年,亦正是世界上经受巨大变化的时期,将来有许多组织或要沿革,有许多学说或要变更。我们应保持科学家的态度,不存先见,不存意气,安安静静地去研究,才是正当的办法,才可以免除将来冒险的试验,无谓的牺牲。"他的意思是:莘莘学子必须克服浮躁的心魔,对各种人文、科学课题精研细究,把工夫做到家,才能有所创获。

曾有人开玩笑说:梅贻琦做任何事都比别人慢半拍。那年月，男人早婚的多，他却偏偏晚婚，三十岁才娶韩咏华。殊不知，梅贻琦为人极孝悌，他晚婚实有苦衷。当年，中国留学生家境富裕的多，贫寒的少，国内的接济源源不断，梅贻琦却是个例外。庚子之乱，梅家到保定避难，天津的财物被洗劫一空，家境一落千丈。留学期间，梅贻琦每月必从牙缝里省出钱来，寄回家中，帮助三个弟弟上学。学成归国后，梅贻琦在清华担任教职，提亲者踏破门槛，他仍然婉言谢绝。为了赡养父母，帮助三个弟弟求学，他将自己的终身大事一再延宕。直到三十岁，梅贻琦才与二十六岁的韩咏华结婚，在当年这已不是一般的晚婚了。婚后，他一如既往，将每月薪水分成三份：父母一份，弟弟们一份，自家一份。三个弟弟均对长兄深怀感激之情，幺弟梅贻宝（担任过燕京大学代校长）曾含泪说："五哥长我十一岁，生为长兄，业为尊师，兼代严父。"

梅贻琦的教育观一以贯之。他强调"大学之良窳几乎全系于师资与设备之充实与否，而师资为尤要"，"师资为大学第一要素，吾人知之甚切，故亦图之至极也"。教育学生，他主张熏陶，不赞成模铸，流水线作业注定培养不出"博极今古，学贯中西"的通才，而只会扼杀"神骛八极，心游万仞"的天才。他的"从游论"颇具新意："学校犹水也，师生犹鱼也，其行动犹游泳也,大鱼前导,小鱼尾随,是从游也。从游既久,其濡染观摩之效自不求而至,不为而成。反观今日师生关系,直一奏技者与看客之关系耳,去从游之义不綦(qí,极)远哉!"师生从游则不止学问可以薪火相传,品德、情操也可以熏之陶之,化于无形,得之不失。也许为效不速,但结果上佳。梅贻琦曾说:"学生没有坏的,坏学生都是教坏的。"这话看似绝对,细细体味它,却很有道理。

梅贻琦所倡导的通才教育以思想自由为基石。1941年4月,借清华建校三十周年举行学术讨论会的时机,他发表文章《大学一解》,其中引用了宋代学者胡瑗的一段语录,强调思想自由和言论自由的重要性:"艮言'思不出其位',正以戒在位者也。若夫学者,则无所不思,无所不言,以其无责,可以行其志也。若云思不出其位,是自弃于浅陋之学也。"这段话的意思是:"《易经》艮卦说'思想不要超出自己的本分和位置',这正是为了规范当权的人。倘若是学者,就什么都可以想,什么都可以说,因为他们没有官方的职责,可按自己的心意去做。如果学者的思想也受到限制,那他们就只能在浅陋的学识中自我废弃了。"中国政界有多少个党派,清华师生中就有多少个党派;中国学界有多少个流派,清华师生中就有多少个流派。这一点与北大如出一辙。思想自由,言论自由，不因党见和政见歧异而相害，在清华大学和后来的西南联大，没有一位教授因为持不同政见或发表反政府反领袖的言论而被解职，这一氛围的形成端赖梅贻琦日复一日的营造和维持。

在多事之秋，梅贻琦寡言，但并不寡谋，更不寡断，他的"慢"既表现为丰沛的静气，也表现为充足的勇气。即使兵戎相见，军队开进了清华园，也休想扰乱他的方寸。

抗战前夕，北京高校学生的抗日激情空前高涨，冀察政委会委员长宋哲元对学生运动警惕性相当高，但他明令部下：巡查清华园，不许动粗。清华大学的学生对军人入校抱有敌意，竟做出过激之举，不仅缴下士兵的枪械，扣留领队的团长，还掀翻军用车辆。这样一来，事态迅速升级。当天晚上，军队荷枪实弹，进驻清华园，引起师生极大的恐慌。为了应付岌岌危局，清华校务会议的几位成员（叶公超、叶企孙、陈岱孙、冯友兰）齐聚梅贻琦家，商量万全之策，以求渡过眼前的难关。每个人都说了话，提了建议，唯独梅贻琦向隅静默，未发一言，不吱一声。最后，大家停下来，等他表态。足足有两三分钟的时间，梅贻琦抽着烟，仍旧默无一词。文学院长冯友兰说话有些结巴，他问梅贻琦："校长，你……你……你看怎么样？"梅贻琦还是没表态，叶公超忍不住了，用催促的语气问道:"校长,您是没有意见而不说话,还是在想着方案而不说话?"

这时候,每隔一秒钟,都仿佛隔了半个月。面对几位同仁焦急的目光,梅贻琦从容作答:"我在想,现在我们要阻止他们来是不可能的,我们现在只可以想想如何减少他们来了之后的骚动。"他要教务处通知有嫌疑的学生,叫他们处处小心,尽可能隐蔽起来。然后他打电话给北平市长秦德纯,此人曾是宋哲元的重要幕僚,请他出面说服宋哲元撤退军警。秦德纯应承下来。不久,宋哲元果然下令撤退了包围清华体育馆的士兵。

1936年2月29日,北平警察局到清华大学搜捕,逮走了十几个人。有些学生怀疑清华大学教务长潘光旦向当局提供了花名册,于是群起而攻之。潘光旦是残疾人(早年因为跳高弄断了右腿),学生抢走他的双拐,扔在地上,这位著名学者只得用一条左腿勉强保持身体平衡,状极难堪。梅贻琦见此汹汹之势,并不退缩,他是一校之长,怎忍让同事和朋友代己受过?他对那些不肯善罢甘休的学生说:"你们要打人,来打我好啦。如果你们认为学校把名单交给外面的人,那是由我负责。"他还用沉痛的语气告诫大家:"青年人做事要有正确的判断和考虑,盲从是可悲的。徒凭血气之勇,是不能担当大任的。做事尤其要有责任心。你们领头的人不听学校的劝告,出了事情可以规避,我做校长的是不能退避的。人家逼着要学生住宿的名单,我能不给吗?我只好很抱歉地给他们一份去年的名单,我告诉他们可能名字和住处不太准确的。……你们还要逞强称英雄的话,我很难了。不过今后如果你们能信任学校的措施与领导,我当然负责保释所有被捕的同学,维持学术上的独立。"

要让那些血气方刚的青年学生掐灭怒火,恢复理性,很不容易,但梅贻琦的耐性臻于极致,在军事当局和学校师生之间,他艰难地找准了一个平衡点。都说要快刀斩乱麻,他却是慢工出细活。多方的体面、利益均须顾及,这岂是急性子能够顷刻办妥的事情?

梅贻琦常常告诫青青子衿"不忘国难",从不反对青年学生参加抗日救亡运动,但他也在多种场合表明自己一以贯之的救国观和爱国观,"救国方法极多,救国不是一天的事,各人在自己的岗位上,尽自己的力,则若干时期之后,自能达到救国的目的了","我们做教师做学生的,最好最切实的救国方法,就是致力学术,造成有用的人材,将来为国家服务"。清华大学稍微懂事的学生个个能够体谅梅贻琦的苦衷,每次闹学潮,他们都担心自己的过激举动会动摇梅校长的地位，因此必先贴出坚决拥护梅贻琦校长的大标语。为了呵护学生，营救学生，梅贻琦与警察局长多有周旋，学生们的感激方式很特别，他们摹仿梅校长的口吻，编成一首顺口溜：

大概或者也许是，不过我们不敢说。
传闻可能有什么，恐怕仿佛不见得。

这首顺口溜将梅贻琦在警察局慢条斯理、大打太极拳的意态神情活画得丝丝入扣。

抗战期间，梅贻琦是国立西南联合大学三位"当家人"之一，由于北京大学校长蒋梦麟和南开大学校长张伯苓常在重庆，国民政府对他们另有任用，西南联大的校务完全倚赖梅贻琦主持。虽然蒋梦麟亮出"对联大事务不管即是管"的超然姿态，亦能苦心维系大局，但涉及经费分配等切身利益时，北大与清华难免会有龃龉，每当这种时候，最有力又最有效的弥缝者就是梅贻琦。应该说，与北大相争，清华是吃了不少亏的。如果清华不肯吃这些亏（有的还是哑巴亏），西南联大早就崩盘了。在鸡鸣风雨的乱世，办教育亦如驾船行驶于怒海狂涛之中，一位勇敢睿智的掌舵人绝对是其他船员的保护神。黑云压城，炸弹如雨，西南联大依然弦歌不辍，为国家保存元气，培养出远胜于和平年代所能培养的高级人才，梅贻琦的功德可谓大矣。

抗战初期，物力维艰，西南联大经费奇绌，但为了使梅贻琦行动方便快捷，校方给他配备了一部小汽车。梅贻琦视小汽车为奢侈品，将它毅然封存于车库中，辞退司机，安步当车。若要外出应酬，他就坐人力车代步。若要去重庆出差，只要时间允许坐邮车，他就不坐飞机。坐邮车岂不是要比坐飞机慢得多也累得多吗？梅贻琦却舍快求慢，舍舒适取劳顿。"慢"与"累"后面当然还有一个字，那就是"省"，艰难时期，能省则省，梅贻琦节俭惯了。他总是说："让我管这个家，就得精打细算。"他讲的"家"，不是自己的小家，而是国立西南联大这个大家庭。

"尽人事而听天命"，梅贻琦的慢始终是积极的，而不是消极的；是柔韧的太极功夫，而不是刚猛的南拳。

1945年，一二一学潮后，梅贻琦感到非常失望，一度想退避贤路，清华教授会坚决挽留他，使他打消了去意。但他已清醒地意识到，由于"左派"日益坐大，清华教授会已从内部产生裂痕，很难再采取一致的态度和行动，五四以来形成的"教授治校"的原则和权威已丧失殆尽，"民主堡垒"的光鲜面目骗得了外人，却骗不了自己。

梅贻琦那手"文火煲靓汤，慢工出细活"的功夫放在抗战期间尚能足敷所用，然而国共内战爆发后，全国上下弥漫着急功近利的情绪，他原先的慢半拍变成了慢三拍，很难再利济清华，走和留的问题就摆到了他面前。

梅贻琦的稳

早在八十多年前，教育家陶行知就说过："做一个学校的校长，谈何容易！说得小些，他关系到千百人的学业前途；说得大些，他关系到国家与学术之兴衰。这种事业之责任，不值得一个整个的人去担负吗？"有见于此，蔡元培为北大掌舵，梅贻琦为清华操盘，同为不二人选，乃属中华民族之大幸。

清华大学有一句成语："教授是神仙，学生是老虎，办事人是狗。"这就透露出一个信息，在清华做校长不可能神气，倒有可能受气，日子不会太好过。

1931年10月10日，梅贻琦临危受命，出任清华大学校长。此前，罗家伦在清华园厉行改革，大刀阔斧，内外受困，不得已辞职走人。嗣后，阎锡山派出乔万选任校长，尴尬人遇尴尬事，他被清华师生拒斥于校墙之外，不得其门而入。继任者吴南轩深得蒋介石的信任,"党国"是他的口头禅,独断专行是他的拿手戏,结果激怒清华师生,未能久安其位。清华乱象百出,代校长翁文灏也请求辞职,校政处于真空状态。这种非常局面令教育部十分头疼。当时,梅贻琦任清华学生留美监督处监督,人在美国,南京国民政府教育部长李书华拟举荐他出任清华大学校长,致电相询,他婉拒不成,然后表示同意。

1931年12月4日,梅贻琦到校视事。12月8日,他宣誓就职,就职演说字字朴实,句句坦诚,嵌入清华师生的心坎:"本人能够回到清华,当然是极其愉快的事。可是想到责任之重大,诚恐不能胜任,所以一再请辞,无奈政府不能邀准,而且本人又与清华有十余年的关系,又享受到清华留学的利益,则为清华服务乃是应尽的义务,所以只得勉力去作,但求能够尽自己的心力,为清华谋相当的发展,将来可告无罪于清华足矣。"归纳起来,梅贻琦的"施政方针"有以下四条:(一)办大学的目的一是研究学术,二是造就人才;(二)"在学术上向高深的方面去做";(三)要培养和爱护人才,严格避免人才的浪费;(四)要尽全力充实师资队伍,广泛延聘第一流学者来校执教。梅贻琦接手的是一个疮痍未复的烂摊子,他完善旧规,补充新血,只用一年多时间就使清华大学百废俱兴，焕发出勃勃生机。

　　清华学生闹学潮是拿手好戏，品评教授是家常便饭，驱逐校长是保留剧目，很难有哪位校长能够久安其位。梅贻琦却创造了一个奇迹，在大陆当了十七年清华校长，受到师生的一致拥戴，地位稳如磐石，他究竟有何秘诀？梅贻琦给出的答案颇为诙谐："大家倒这个，倒那个，就没有人愿意倒梅（霉）！"

　　梅贻琦不倒，并非玩弄权术的结果，他以德服人，建设坚实的民主制度才是关键。他对教授治校的原则一直奉行不悖，实行"四权分制"，主动削弱自己的权力，教授会、评议会、校务会和校长各司其职，谁也不能取代谁，谁也不能僭越谁。清华大学教授会由校内全体教授、副教授组成，是清华最高权力机构，表决权涵盖以下几个方面：审议改进教学和研究事业以及学风的方案；学生成绩的审核与学位的授予；从教授中推荐各学院院长及教务长。教授会由校长召集和主持，但教授会成员也可以自行建议集会。清华大学评议会是学校的立法、决策和审议机构，由校长、教务长、秘书长和各学院院长以及教授会推选的评议员组成，相当于教授会的常务机构。评议会的职权包括"议决各学系之设立、废止及变更；审定预算决算，议决教授、讲师与行政部各主任之任免……"在清华大学，根本不存在外行领导内行的事情，教授会和评议会不仅分了权，也分了责，分了谤，就算有矛盾，有争端，也会有缓冲的余地，能够合情合理的解决。校务会则由校长、教务长、秘书长和四位学院院长组成，相当于评议会的常务机构，处理清华的日常事务。朱自清在《清华的民主作风》一文中不无自豪地写道："在清华服务的同仁，感觉着一种自由的氛围，每人都有权利有机会对学校的事情说话，这是并不易的。"

以法治代替人治，民主至尊，无人可耍霸王脾气。校务分层负责，法度严明，梅贻琦只需念好"吾从众"的三字经，即可无为而治。1940年9月，梅贻琦与清华结缘达三十一周年，为清华服务满二十五周年，在昆明的清华师生为他举行公祝会，异域母校美国吴士脱工学院锦上添花，授予他名誉工程博士头衔。潘光旦的评价颇具代表性："姑舍三十一年或二十五年的德业不论，此种关系所表示的一种真积力久的精神已自足惊人。"梅贻琦在公祝会上致答谢辞，他将自己比做京戏里的"王帽"角色，这个定位相当有趣，也可见其骨子里的谦虚："他每出场总是王冠齐整，仪仗森严，文官武将，前呼后拥，像煞有介事。其实会看戏的人，绝不注意这正中端坐的王帽，因为好戏并不要他唱。他因为运气好，搭在一个好班子里，那么人家对这台戏叫好时，他亦觉得'与有荣焉'而已。"

乱世的显著特性就是政治风云变幻莫测，梅贻琦做清华大学的"王帽"（实则是定海神针）并不容易，他不可能回避那些找上门来的大麻烦（它们才真是左右逢源的）。跟蔡元培一样，梅贻琦在学术上兼容并包，在政治上温和中立。1945年11月5日，梅贻琦在潘光旦家与闻一多、闻家驷、吴晗、曾昭抡、傅斯年和杨振声等几位教授谈至深夜，回家后他在日记中写下心声："余对政治无深研究，于共产主义亦无大认识，但颇怀疑。对于校局，则以为应追随蔡子民先生兼容并包之态度，以恪尽学术自由之使命。昔日之所谓新旧，今日之所谓左右，其在学校均应予以自由探讨之机会。此昔日北大之为北大，而将来清华之为清华，正应于此注意也。"他有这样的定见，公开提出"学术界可以有'不合时宜'的理论及'不切实用'的研究"的观点，就并不奇怪了。尽管梅贻琦在政治上严守中立，但他悉心保护教员中的"左派"激进分子，例如张奚若、闻一多和吴晗。张奚若和闻一多都是肝火炽盛的"左倾"知识分子，他们首开谩骂之端，专与领袖和当局为难，尽管梅贻琦对张、闻二人的过激言论不尽赞同，仍然顶住外界施加的精神压力和政治压力，曲意保全清华教授，甚至在蒋介石面前以战时学者生活疾苦为词，作缓颊之计。1948年8月，梅贻琦得知一份政治黑名单上有清华教授的名字，就连夜找到吴晗，对后者说："你要当心，千万别进城，一进去被他们逮住，就没有救了，在学校里，多少还有个照应。"

学校一般都强调德育、智育、体育全面发展，蔡元培加上美育，梅贻琦在四育之后再加上群育，达到五育齐全。群体意识的培养可以使人更好地融入社会，克服交往的障碍，使群中有己，己中有群。梅贻琦说："文明人类之生活，不外两大方面：曰'己'，曰'群'。而教育的最大目的，不外使'群'中之'己'与众己所构成之'群'各得其安所遂生之道，且进以相位相育，相方相苞，此则地无中外，时无古今，无往而不可通也。"这段话的意思是："文明人的生活，无非是两个方面：一是叫做'自己'，二是叫做'群体'。而教育的最大目的，无非使'群体'中的'自己'与多个'自己'所构成的'群体'各自得到安身立命的途径，而且进一步做到互相安置互相培育，互相匹敌互相包容，这样一来，地域不分中国外国，时间不分古代当代，所到之处都能通达。"

梅贻琦的这番话恰当地阐释了他的"稳字诀"。他寡言，但并非寡人。事实上，没有哪个刚愎自用的孤家寡人能够使群众心悦诚服，得到大家持久的拥戴和尊敬，即使手中掌握强大的军队也不行。谁若在群体中以鹤立鸡群的高姿态突显自己，势必会招致强烈的反感和敌意，一只鹤唯有在一群鹤中表现出领导才能，方可确立权威，稳居其位。清华大学有那么多天才学者和行政高手，他们对梅贻琦长期表示由衷的好感和敬意，这太难得了。这说明，梅贻琦的"相位相育，相方相苞""舍己从人，因公忘私"的群己观在实践中非常成功。

抗战期间，稳定人心当属第一要务，让大家吃饱肚子是为政者的基本职责。梅贻琦主管西南联大的校务，他肩上的担子特别沉重。据郑天挺《梅贻琦与西南联大》一文回忆，梅校长做事既稳靠又无私："抗战期间，物价上涨，供应短缺，联大同人生活极为清苦。梅校长在常委会建议一定要保证全校师生不断粮，按月每户需有一石六斗米的实物，租车派人到邻近各县购运，这工作是艰苦的、危险的。幸而不久得到在行政部门工作的三校校友的支援，一直维持到抗战胜利。这又是一桩大协作。三校之中，清华的条件最好，在联大物质条件极端贫匮的时候，清华大学成立清华服务社，利用工学院暂时闲置的设备从事生产，用其盈余补助清华同人生活。这事本与外校无关。梅校长顾念北大、南开同人皆在困境，年终送给大家相当于一个月工资的馈赠，从而看出梅校长的公正无私。"联大八年，梅贻琦不仅收获了清华师生的敬意，也收获了北大和南开师生的敬意，因为他处事公平，待人至诚。

子曰："刚毅木讷近乎仁。"仁者有德，德不孤，必有邻。梅贻琦被人誉为"寡言君子"，望之岸然，即之也温，待人和蔼之极。开会议事时，大家议论纷纷，莫衷一是，梅贻琦总是耐心地倾听，最后他提出意见，众人莫不折服。博采众议，无为而治，择善固执，不随俗转移，梅贻琦尊重别人的意见，自己也很有主见。校务杂乱，如遇难题，他喜欢先询问身边的同事："你看怎样办好？"对方回答后，如果切实可行，他立刻欣然首肯："我看就这样办吧！"如果不甚妥当，他就说"我们再考虑考虑"，从无疾言厉色，更不会当众失礼失态。

常言道："酒能乱性。"若非极稳重的人，醉后多半会出洋相，失语者有之，耍疯者有之，骂座者有之，泄密者有之。"一锭金，见人心；一缸酒，见人肚"，这句谚语不是没有道理的。还有一句西谚如是说："酒神面前无圣人。"这句话强调的同样是"酒能乱性"，英雄难过美人关，圣人也难过美酒关。梅贻琦嗜酒，但是恪守酒德，许多朋友抬举他为"酒圣"，这并不是一顶纸糊的高帽子。叶公超说:"梅先生欢喜喝酒,酒量也很好,和熟人一起喝酒的时候,他的话比较多,且爱说笑话——可是比欢喜说话的人来仍然是寡言的。他的酒品非常值得怀念:他也喜欢闹酒,但对自己可绝不吝啬,他那种很轻易流露的豪气,使他成为一个极理想的酒友。"考古学家李济的回忆更是言之凿凿:"我看见他喝醉过,但我没看见他闹过酒。这一点在我所见过的当代人中,只有梅月涵先生与蔡子民先生才有这种'不及乱'的记录。"蔡元培与梅贻琦都是海量,具备海量的君子总是对敬酒的人来者不拒,醉酒的几率反而更大。

有一篇纪念梅贻琦的文章,标题叫《清华和酒》,对梅贻琦的酒量和表现有细致的描述:"在清华全校师生员工中,梅先生的酒量可称第一。……大家都知道梅先生最使人敬爱的时候,是吃酒的时候,他从来没有拒绝过任何敬酒人的好意,他干杯时那种似苦又似喜的面上表情,看到过的人,终身不会忘记。"

1947年4月,清华复校后举行首次校庆活动,在体育馆大摆宴席,由教员职工先行发动,逐级向校长敬酒。梅贻琦一一笑领,老老实实地干杯,足足喝了四十多盅,真有一醉方休的劲头,整场宴席下来,他的表现毫无失礼失态之处。

酒能害事，酒能坏事，酒能败事，但梅贻琦稳如泰山，溪涧泉瀑适足为景，不足为患。这样的涵养功夫令人钦佩。

梅贻琦的刚

有人说，梅贻琦寡言而慎，无欲则刚，这当然不错。他寡言，但这并不意味着他不敢讲真话，不敢讲刺痛国民党政府中枢神经的狠话。在九一八事变一周年纪念会上，他就公开抨击过国民党政府放弃东北的不抵抗政策，"以拥有重兵的国家，坐视敌人侵入，毫不抵抗，诚然勇于内战，怯于对敌，何等令人失望！"1945年，昆明一二一惨案发生，他在记者招待会上严词谴责便衣歹徒行凶杀人的暴行。梅贻琦从来就不缺乏勇气，他有冷静的理智，也有火热的心肠。

梅贻琦外圆内方，不该通融的事情，他决不会徇私情，开绿灯。他与秘书有一个刚性的约定，凡是向他求情的信件，不必呈阅，不必答复，当然也不能弃之于字纸篓，"专档收藏了事"。抗战前，清华大学总务长某某是一位颇有名望的海归，办事干练，举重若轻，梅贻琦很倚重他，两人由同事发展为朋友。有一天，这位总务长忽发奇想，请求梅贻琦给他发放教授聘书，以重身价和视听。这个顺水人情，梅贻琦若肯做，只不过是举手之劳，但他认为行政人员与教授职司各异，不可混同，一旦开启方便之门，日后其他人必定以此为口实，也伸出手来谋个学衔充充门面，规矩一坏，方圆难成。梅贻琦不肯通融，那位总务长感觉丢了面子，伤了感情，于是拂袖而去。

据清华毕业生孔令仁回忆：西南联大附中师资水平出众，教学质量很高，在昆明极具号召力，子弟能入这所学校就读，仿佛跃登龙门。云南省主席龙云的女儿龙国璧和梅贻琦的女儿梅祖芬都想进联大附中，结果龙国璧名落孙山。龙云感觉特别不爽，他可没少给联大物力和财力的支持，区区小事，梅贻琦怎么也不肯给个顺水人情？他决定派秘书长去联大找梅贻琦疏通。这位秘书长却领命不行，龙云生气地问道："你还站着干什么？快去啊！"秘书长这才抖开包袱："我打听过了，梅校长的女儿梅祖芬也未被录取。"如此一来，龙云满肚皮的怒气全消了，对梅贻琦的敬意又平添了几分。

1943年3月4日，梅贻琦获悉母亲去世的噩耗，内心悲痛如同千杵齐捣。当天下午，由他主持召开联大常委会，蒋梦麟和张伯苓建议改期，他却说："不敢以吾之戚戚，影响众人问题也。"在当天的日记里，他剖白心迹："盖当兹乱离之世，人多救生之不暇，何暇哀死者？故近亲挚友之外，皆不必通知。……故吾于校事亦不拟请假,唯冀以工作之努力邀吾亲之灵鉴,而以告慰耳。"这正是梅贻琦刚的一面,将痛苦强行镇压在心底,以百倍的努力告慰母亲的在天之灵。

1948年12月,傅作义将军弭兵息战,北平易帜指日可待。当时许多大知识分子都面临着走还是留的抉择,要走的人无暇卜算黄道吉日,要留的人也无意整装进城。梅贻琦走了,他是自愿的还是被迫的?可谓言人人殊。梅贻琦的学生袁随善回忆,大概是在1955年,梅贻琦在香港主动告诉过他当时离开北平的情形:"1948年底,国民党给我一个极短的通知,什么都来不及就被架上飞机,飞到南京。当时我舍不得也不想离开清华,我想就是共产党来,对我也不会有什么,不料这一晃就是几年,心中总是念念不忘清华。"这当然不是唯一的版本。据吴泽霖教授回忆,梅贻琦离校那天,他们在清华大学校门口相遇,吴问梅是不是要走,梅说:"我一定走,我的走是为了保护清华的基金。假使我不走,这个基金我就没有办法保护起来。"冯友兰的回忆同样真切,离开清华之前,梅贻琦召集了一次校务会议,散会后,其他人离开了,只留下梅校长和文学院长冯友兰,梅贻琦说:"我是属牛的,有些牛性,就是不能改,以后我们要各奔前程了。"这是他的诀别之词。从梅贻琦的个性来推测,若非他自愿,谁也不可能将他"架上飞机"。他和北大校长胡适都是自愿离开北平的。

梅贻琦不信奉马列主义，但他对中国共产党并无恶感，要不然，1954年他就不会赞成（至少是默许）儿子梅祖彦放弃定居美国的机会，返回新中国，效力母校清华大学。梅贻琦去世后，1977年韩咏华回到祖国安度晚年，中国政府给予优厚待遇，推举她为全国政协第四届特邀委员。

既然如此，梅贻琦为何执意要离开大陆？这个问题一直没有标准答案，人们猜度他的心思也很难找到可靠依据。有人推测，他感戴蒋介石的知遇之恩，不走则近乎忘恩负义。此说较为含糊。梅贻琦确实多次受到蒋介石邀请，与领袖共进午餐或晚餐，"被排座在主人之左，得与谈话"，俨如上宾。莫非此举就足以令梅贻琦感激涕零，非走不可？梅贻琦若不走，显然不存在人身安全方面的顾虑，周恩来和吴晗都已明确表态希望他留下来，这也代表了当时中共对高级知识分子的统战政策。但他还是去了美国。

当年，梅贻琦南下，国民政府行政院长孙科极力邀请他入阁，担任教育部长，但他坚守一以贯之的中间立场，反复婉谢。他向新闻界的告白相当简单，却出乎至诚："（我）不出来，对南方朋友过意不去；来了就做官，对北方朋友不能交代。"这句话隐约透露了他离开北平甚至离开大陆的苦衷，他重情重义，既然那些最诚挚最值得信赖的朋友多半要走，他怎么好意思留下呢？但他不愿做官，始终只属意于教育。

当然，有一个答案比较靠谱：梅贻琦对水木清华一往情深，清华基金是他的命根子，他从来不肯乱花一分钱，有人骂他"守财奴"，他毫不介意。梅贻琦离开大陆，正是为了保住清华基金。因为清华基金会规定，必须由清华大学校长和国民党政府的教育部长二人联署，才能动用清华基金的款项，如果梅贻琦留在北方，国民党政府很可能会更换清华大学校长，这笔宝贵的教育基金就可能被挪作他用。1951年，梅贻琦主持清华纽约办事处，专心管理这笔基金。他只有一间办公室，只聘一位半时助理，自己给自己定月薪美金三百元。台湾当局过意不去，令他将月薪改为一千五百元，梅贻琦不同意，他说："以前的薪水是我自己定的，我不情愿改。"为了给公家省钱，他不住公寓，搬进一处很不像样的住所，小得连一间单独的卧室都没有。

叶公超每次到纽约去，准定拜访梅贻琦，话题总离不开劝他到台湾办学，把清华基金用于台湾的教育事业。梅贻琦照例回答（并非敷衍）："我一定来，不过我对清华的钱，总要想出更好的用法我才回去。"他不愿将这笔宝贵的经费拿到台湾去撒胡椒面，讨喝彩声，他的想法十分长远。1955年，梅贻琦由美赴台，用清华基金的利息筹办清华原子科学研究所，这就是台湾新竹清华大学的前身。

当然，我们也不应该把梅贻琦视为百分之百的苦行僧。他跟梁启超一样，喜欢打麻将。据其日记记载，从1956年到1957年，将近两年时间，他共打麻将八十五次，约摸每周玩一次雀戏。观其战绩，胜少负多，赢二十五次，输四十六次，平十四次，共输掉一千六百五十元。当年的阳春面每碗一元钱，算起来，破费不小。为了与朋友晤言一室，这笔钱（纯粹是私款）输出去也就值了。

1962年5月19日，梅贻琦病逝于台大医院。他逝世后，秘书遵从遗嘱，将他病中仍带在身边的那个手提包封存了。

两个星期后，在各方人士的见证下，这位秘书揭去封条，打开手提包，装在里面的全是清华基金的明细账目，每一笔支出清清楚楚。众人唏嘘不已，赞佩不绝。

梅贻琦是清华校史上唯一的终身校长，他的墓园建于台北新竹清华大学校园内的山顶上，取名为"梅园"，园内有校友集资栽植的花木，取名为"梅林"。梅贻琦纪念奖章是台湾新竹清华大学毕业生的最高荣誉。

1989年，梅贻琦诞辰一百周年，由中央美术学院雕塑家王克庆设计的梅贻琦铜像安放于清华图书馆老馆校史展览室内。这座胸像惟妙惟肖，面容消瘦，神色坚毅，活脱脱就是老校长涅槃重生。"生斯长斯，吾爱吾庐"，梅贻琦对清华的热爱无物可以隔断，他对清华的贡献也是有目共睹的。他曾为清华大学题写校训——"自强不息，厚德载物"，这八个字，他终身践行，给清华学子树立了完美的典范，他馈赠给清华大学的精神遗产必定与母校相始终。

罗家伦曾为梅贻琦的画像题词，"显显令德，穆穆清风，循循善诱，休休有容"，这十六个字绝非溢美的恭维话。1962年，梅贻琦溘然病逝，罗家伦撰写的纪念词可谓推崇备至："种子一粒，年轮千纪，敬教勤学，道在斯矣。"诚然，一粒壮硕的种子能够长成一棵参天大树，其示范作用是不可估量的。

梅贻琦曾告诫莘莘学子："要有勇气做一个平凡的人，不要追求轰轰烈烈。"这个世界如此奇妙，只要你踏踏实实做人，踏踏实实做事，持之以恒，终身不懈，就绝对不会平凡，甚至能够名垂青史。谓予不信，请看"寡言君子"梅贻琦。

蒋梦麟

书生有种最多情

蒋梦麟"以儒立身,以道处世,以墨治学,以西办事",却自谦是个万金油样的角色。

历史学家台大历史系教授吴相湘作《民国百人传》,其中,笔歌墨舞地盛赞蒋梦麟（1886—1964）"在民国教育史上的地位仅次于蔡元培",此言近乎盖棺论定。当然,事情并没有这么简单,许多人会不遗余力,为清华老校长梅贻琦力争"榜眼",而不是"探花"。推崇蒋梦麟的学者、作家大有人在。民国著名记者曹聚仁曾与三五好友围炉夜话,有人问他最敬佩的同时代人是谁,曹聚仁以"蒋梦麟"作答。座中诸位或惊讶不置,或疑惑不解。曹聚仁见状当即表白,他向来不愿作违心之论,也绝无攀龙附凤的媚骨,更不是北大出身,之所以敬佩蒋梦麟,是因为这名北大老校长有种,是纯爷们。什么叫"有种"？有胆气、有骨气之谓也。面对日寇的威逼利诱,蒋梦麟"临难不苟免",胆气和骨气均发挥出超常水平。曹聚仁强调："这男子汉的气度,并非胡适、鲁迅诸氏所能及的。""五四运动"的命名者罗家伦对蒋梦麟只身入日本大使馆武官处与敌寇斗智斗勇的壮举同样心生敬意,赞不绝口,他说:"蒋梦麟先生是郭子仪第二,大有单骑退回纥的精神!"

一介书生,能够得到"有种"的评价,已足堪欣慰。除了有种,蒋梦麟还有料,他肯办事,敢办事,能办事,对北大,对教育,无不竭智尽能,抱有强烈的责任心和热诚的服务态度。蔡元培曾经坦承:"综计我居北京大学校长的名义,十年有半;而实际在校办事,不过五年有半。"蔡校长在职而不在校期间,蒋梦麟以总务长之身,行"影子校长"之实,他三度代理校长职务,确保北大始终在"兼容并包""学术至上"的轨道上加速运行。北大之为北大,首功当归蔡元培,次功呢?则非蒋梦麟莫属。

当年,中国有一文一武两位蒋校长,都是很抖的人物。众所周知,武的蒋校长是蒋介石,出身于黄浦军校的赳赳将士都是他的学生。文的蒋校长是蒋梦麟,出身于北大的青青子衿都是他的弟子。若论门生出息之大,文的蒋校长远不如武的蒋校长(将帅遍国中);若论门生人数之多,武的蒋校长则不如文的蒋校长(桃李满天下)。蒋梦麟多次打赌(他的学生无处不在)均轻松胜出,所到之地,经常会有昔日的弟子欢快地跑过来向他行礼,他那份得意劲就不用提了。

陈平原教授曾经感叹道:"很可惜,在大量有关北大的出版物上,蒋校长的地位相当尴尬。……校方组织撰写的校史中,称蒋梦麟为'典型的国民党新官僚','在北大是不得人心的'。"他还说:"几年前,偶然得到若干30年代(蒋梦麟任北大校长期间)老北大的课程表及教学规划,比照一番,令我辈后学汗颜不已。"曾几何时,对历史人物带有政治偏见和陋见的各路"酷评"轮番行使话语霸权,它们罔顾事实,极尽抹黑涂污之能事,现在看来,这类"酷评"竟连一嗤一哂的价值也荡然无存了。

有功:功在北大

人与人的交集很偶然,但这种偶然的交集可能种下善因,结出善果。

1898年秋天,蔡元培辞官(翰林院编修)回乡(绍兴),出任中西学堂监督。这是蔡元培任职于新式学校的"试笔之作"。事隔多年,蒋梦麟的回忆依旧鲜活:"一个秋月当空的晚上,在绍兴中西学堂的花厅里,佳宾会集,杯盘交错。忽地有一位文质彬彬、身材短小、儒雅风流、韶华三十余的才子,在席间高举了酒杯,大声道:'康有为,梁启超,变法不彻底,哼!我!⋯⋯'大家一阵大笑,掌声如雨打芭蕉。""说到激烈时,他高举右臂大喊道:'我蔡元培可不这样。除非你推翻满清，否则任何改革都不可能！'"就在那一年，蒋梦麟幸运地成为了"革命翰林"蔡元培的弟子。

二十一年弹指一挥间。1919年，五四学潮如同惊涛拍岸的海啸，浩大的声浪席卷全国，北洋政府迁怒于北大校长蔡元培，一时间谣言满天飞，甚至有炮轰北大和刺杀蔡校长的极端说法在市井流传。蔡元培救出被捕的学生之后，以不与政府合作的断然态度采取主动，辞职南归，打算在西湖边息影林泉。不久，国内形势由寒趋暖，北大师生和社会各界的热忱挽留使蔡元培回心转意，但他当初离开京城时信誓旦旦，总不能就这样径直北还。汤尔和是蔡元培的老友，此公多谋善断，乐为智囊，他想出一个新鲜主意，由蒋梦麟代理北大校长，作为缓冲环节，蔡元培在杭州养病一段时间后再回北大掌校不迟。如此一来，既可以打通窒碍，多方面照应周全，又可以静观其变，进退自如。当时，蒋梦麟是江苏教育会理事和《新教育》杂志主编，他以抽身不易为由，婉拒再三。汤尔和则许以"半年在京，半年在沪，可兼顾而不至偏废"的香饽饽，遂一鼓成擒。

1919年7月14日，蔡元培邀请蒋梦麟、汤尔和一起游览杭州花坞。游山玩水只是一个巧妙的铺垫，在那个雨后黄昏，蔡元培在餐桌上"决请梦麟代表至校办事"。蔡元培用一贯温和的语气说："大学生皆有自治能力者，君可为我代表到校执行校务，一切印信皆交君带去，责任仍由我负之。"具体的方案是，蒋梦麟以总务长的名义代理校长职务。蒋梦麟思忖再三，提出两点要求：一、只代表蔡公个人，而非代表北京大学校长；二、仅为蔡公的督印者。蔡元培颔首表示同意。

1919年7月20日，蒋梦麟偕汤尔和从杭州启程前往北京，陪同的还有北大学生会代表张国焘。翌日，蔡元培在《北京大学日刊》上发表《蒋梦麟代办北大校务启事》："元培因各方面督促，不能不回校任事。唯胃病未瘳，一时不能到京。今请蒋梦麟教授代表，已以公事图章交与蒋教授。嗣后一切公牍，均由蒋教授代为签行。校中事务，请诸君均与蒋教授接洽办理。"教育部即行批准蔡元培的请求，同意由蒋梦麟代理北大校长职务。程序完全合法，北大评议会的部分教授也顾全大局，收起种种先入为主的成见，下一步就看蒋梦麟如何拿出他的看家本领来串演这台大戏了。

1919年7月22日，北大全体学生齐集理科楼欢迎蒋梦麟。这次集会与其说是北大学生欢迎他代理校政，还不如说是欢迎蔡元培的影子重返校园。蒋梦麟即席演讲，先介绍蔡元培的近况，然后进入主题，他强调：蔡元培先生的美德和集中西文化于一身的精神是从学问中得来的，诸君当以学问为莫大的任务。他特别强调：西方先进国家拥有今天的文化成就，是长期积累的结果。"故救国之要道，在从事增进文化之基础工作，而以自己的学问功夫为立脚点，此岂摇旗呐喊之运动所可几？……故救国当谋文化之增进，而负此增进文化之责者，唯有青年学生。现在青年作救国运动，今日反对这个，明日反对那个，忙得不得了，真似苦恨年年压针线，为他人补破衣裳。终不是根本办法。吾人若真要救国，先要谋文化之增进。日日补破衣裳，东补西烂，有何益处？深望诸君，本自治之能力，研究学术，发挥一切，以期增高文化，又须养成强健之体魄，团结之精神，以备将来改良社会，创造文化，与负各种重大责任。总期造成一颗光明灿烂的宝星，照耀全国，照耀亚东，照耀世界，照耀千百年而无穷。"演讲结束后，北大师生报以热烈的掌声，既然他们信任蔡元培，蔡元培又信任蒋梦麟，他们就决定暂时给予蒋梦麟一个尽兴表演的舞台。

蒋梦麟在北大毫无根基，他临危受命，面对的"烂摊子"颇为棘手。"半年的欠款，六百饥饿教职员，三千惹祸的学生，交到我手里，叫我怎么办？"他出言谨慎，亮出低姿态，在教职员会议上说："我只是蔡先生派来代捺印子的，一切仍由各位主持。"蒋梦麟安定人心，恢复秩序，谨守蔡校长余绪，继续提倡德先生（民主）和赛先生（科学），"把学术自由的风气，维持不堕"，使北大重新回归到宁谧的书香氛围之中。有趣的是，蒋梦麟代理北大校长不久，孙中山给他写了一封信，其中有"率领三千子弟，助我革命"之语，真是哪壶不开提哪壶了。

1919年8月，蒋梦麟写信给《时事新报》主编张东荪，谈及他在北大的短期经历，字里行间洋溢着欣慰感和成就感："我21日到北京以来，吃了不少的苦，好像以一个人投在蛛网里面，动一动就有蛛子从那屋角里跳出来咬你。唉！若无破釜沉舟的决心，早被吓退了。人人说市中有虎，我说我任凭虎吞了我就罢了；没有吞我以前，我不妨做些做人应该做的事。我记得王守仁有句话：'东家老翁防虎患，虎夜入室衔其头；西家儿童不识虎，执策驱虎如驱牛。'我又记得《四书》里有句话：'不忮不求，何用不臧（不生伤害之心，不生贪图之心，还会有什么不善）？'我本了这个精神，向前奋斗，过了半月，诸事已有端倪。我对于校内校外帮我忙的人，终身感激他们——他们不是帮我的忙，是帮中华民国的忙。现在大学里面，教务、事务都积极进行，新生取了四百人，上海投考的结果亦已揭晓，取了九十一人。下半年的课程，已经起首安排。教职员方面，精神一致，都天天兴高采烈的做事。

你若来看一看，必以为大学这回并没有经过什么风潮。学生方面更不必说了，这班青年，个个是很可爱的。并不是说空话，我实在爱他们。他们对我说，此后他们要一心尽瘁学术，定要把这个北大成了中国的文化最高中心；这班青年的眼光是很远的。我有一句话，要给在上海的诸位先生讲，北大学生是全体一个精神的，并没有分迎甲、迎乙的派别。"

1919年9月，蔡元培返回北大，蒋梦麟交还权杖，专任总务长。他在回忆录《西潮·新潮》中写道："北大再度改组，基础益臻健全。新设总务处，由总务长处理校中庶务。原有处室也有所调整，使成为一个系统化的有机体，教务长负责教务。校中最高立法机构是评议会，会员由教授互选；教务长、总务长，以及各院院长为当然会员。评议会有权制订各项规程，授予学位，并维持学生风纪。各行政委员会则负责行政工作。北大于是走上教授治校的道路。学生自治会受到鼓励，以实现民主精神。"对此变盘，蒋梦麟还有一个更形象的说法："北京大学为新思潮发源地。既有新精神，不可不有新组织，犹有新酒，不可不造一新壶。"

蒋梦麟的教育思想与蔡元培一脉相承，他发扬光大，给"兼容并包"四字加上了个性化、团体生活、个人自治和感情化导的色彩。1920年9月，在北京大学开学典礼上，蒋梦麟发表演讲,其中一段画龙点睛:"本校的特色,即在人人都抱个性主义。我尝说,东西文明的不同,即在个性主义。比如希腊的文化,即以个性为基础,再加以社会的发达,方能造成今日的西方文明。……北大这么大的一个学校,研究学问,注重品行的件件都有,就是缺少团体的生活。所以我希望大家,一方各谋个人的发达,一方也须兼谋团体的发达。从前严厉办学的时代,是'治而不自',现在又成杜威先生所说的'自而不治',这都不好。我们要'治'同'自'双方并重才好。因为办学校用法律,决计不行的,只可以用感情化导,使得大家互以良好的情感相联络。这就是我最后的希望。"教导学生自治而不是私心自用的"治自",学校要依靠感情化导而不是严格的法纪,这是蒋梦麟坚持的办学理念。

1920年10月,蔡元培赴欧洲考察教育。蒋梦麟再次代理北大校长一职。他非常重视中西结合,文理贯通,要求入外文系者须有国文功底,入国文系者须有外文成绩。《科学概论》成为所有文学院一年级学生的必修课,国文则成为理科各系一年级学生的必修课。当年,军阀混战,国家风雨飘摇,北大的教学、科研能够始终维持不堕,并且平稳有序地发展,"蔚成全国最高学术中心",由中国第一流大学向世界第一流大学的目标切实迈进,显然得益于一系列行之有效的新措施。

1923年1月，教育总长彭允彝干涉司法，蹂躏人权，北洋军阀政府非法逮捕财政总长罗文干，蔡元培愤然辞职，拂袖而去，蒋梦麟第三次代理北大校长职务。1926年，三一八惨案发生后，蒋梦麟支持北京各校学生的爱国行动，段祺瑞政府怀恨在心。1926年4月26日，《京报》主编邵飘萍被奉军逮捕，杀害于天桥刑场。当晚，蒋梦麟从北京政府的前总理孙宝琦处获悉自己的名字已经上了黑名单，魔爪逼近，生命危在旦夕，恰巧王宠惠来访，他便跳进好友的红牌汽车，离开北大，径直驶向东交民巷使馆区的六国饭店。第二天，他到美国使馆找一位美国朋友，自我解嘲："我天天叫打倒帝国主义，现在却投入帝国主义怀抱求保护了。"三个多月后，他脱离险境，抵达上海，转赴杭州，结束了第一阶段长达七年的北大生涯。

蒋梦麟在北大任职，共分三个阶段，每个阶段长约七年：从1919年到1926年，第一个七年，蒋梦麟的角色是北大代理校长兼总务长；从1930年到1937年，第二个七年，蒋梦麟的角色是北大校长；从1938年到1945年，第三个七年，蒋梦麟的角色是西南联大校务委员会常委、北大校长。在第一个七年中，军阀政府拖欠教育经费是经常有的事，北大学生醉心于政治是大概率的事，蒋梦麟三度代理北大校长，要掌稳舵盘、认准航向则殊非易事。他在回忆录《西潮·新潮》中写道："虽然政治上狂风暴雨迭起，北大却在有勇气有远见的人士主持下，引满帆篷，安稳前进。图书馆的藏书大量增加，实验设备也大见改善。国际知名学者如杜威和罗素，相继应邀担任客座教授。"

1930年1月，蒋梦麟出任北大校长，较之以往，这一次他由二东家升为了大东家，他抱定中兴北大的决心，放手一搏，在体制上大动手术，取消评议会，改设校务会议为学校最高权力机关，将学术和事务划分开来，强调层层分工，各司其职，校长的权限有所增强。他明确提出"教授治学，学生求学，职员治事，校长治校"的方针，将教政分开，评议会遂成为空架子，教授治校便沦为了明日黄花。蒋梦麟还针对教授兼职过多的现象，实行教授专任制度，提高专任教授的薪酬待遇，规定在他校兼课者薪金较专任者少，兼课时数较多者，则改教授为讲师。同时，他改变过去教授第二年续聘后无任期限制的办法，规定新教授初聘订约一年，续聘订约二年。"师资不尊，不足以言重学术；待遇不丰，不足以言志；故崇教授之座位，而厚其俸给，二要也。研究学术而有所顾忌，则真理不明；故保障学术自由，三要也。"蒋梦麟相当实在，一点也不空疏。当时北大的经济状况如何？差不多已到了山穷水尽的地步。"车到山前必有路,船到桥头自然直","一道篱笆三根桩,一条好汉三个帮",艰难时刻,好友胡适、傅斯年、丁文江向蒋梦麟伸出援手,一同筹措办学经费(获得中华教育文化基金董事会的研究合作费国币一百万元),网罗人才,他们齐心协力,"维持北京大学生命不使中断"。蒋梦麟大胆放权,对文学院、法学院、理学院的三位院长说:"辞退旧人,我去做;选聘新人,你们去做。"革故鼎新,蒋梦麟不怕得罪人,他有魄力,敢担当,是天生的实干家。

1934年,北大国文系教授林损、许之衡被解聘。林损是北平教育界一位著名的酒鬼和狂人,他教唐诗,居然喋喋不休地讲陶渊明,又好出新解,罔顾本义而妄加附会穿凿,再加上目无余子,骂人取乐,以课堂为个人秀场,学生听他讲课如听评书,固然好玩,却很难受益。胡适出任北大文学院长后,林损即被解聘,此公不服,将事情捅到媒体,放出狠话:"蕞尔胡适,汝本礼贼。……盍张尔弓,遗我一矢!"公开向胡适叫板挑衅,闹得沸沸扬扬,但胡适付之一笑,并不应战。现在回头来看这桩旧案,蒋梦麟和胡适完全秉公办事,并无挟私嫌打击老教授的成分。

从"教授治校"到"校长治校",再加上辞旧聘新,打破终身教授的金饭碗,蒋梦麟被一些北大教授批评为"独裁者"。客观地说,蒋梦麟执掌北大,确实加强了校长的权重,而且运用权力游刃有余,毕竟他与胡适同为美国实用主义哲学家杜威的高足弟子,受过正宗的民主思想熏陶和训练,校长治校的目的是要建立起一个效率更高的行政体制,他并没有因此钻入校长独裁的死胡同。

蒋梦麟"用人也专,待人也恕,不以察察为明,所以许多人乐为所用",罗家伦的这个判断是准确的。理学院的丁文江、李四光、曾昭抡,文学院的周作人、汤用彤、徐志摩,法学院的刘志扬、赵乃抟,诸多精英云集影从,汇聚在他的麾下,唯其马首是瞻。蒋梦麟用人不拘一格,钱穆没有学历,他聘其为北大教授,比当年蔡元培礼聘梁漱溟为北大讲师更给力。

在蒋梦麟治校期间,北大教授能够享受到校方很高的礼遇。通过钱穆的回忆文章,我们可以窥豹一斑:"在北大任教,有与燕京一特异之点。各学系有一休息室,系主任即在此办公。一助教常驻室中。系中各教师,上堂前后,得在此休息。初到,即有一校役捧上热毛巾擦脸,又泡热茶一杯。上堂时,有人持粉笔盒送上讲堂。退课后,热毛巾、热茶依旧,使人有中国传统导师之感。"即使校方经费拮据,对教授仍然礼遇有加。北大的尊师重教之风,于是乎绵绵不断。

蔡元培重人文，蒋梦麟重科学，这不是对立，而是二元互补。蒋梦麟在任期间，十分重视自然科学的教学和研究，不吝重金装备物理系，大力发展理学院，以自然科学为骨干，进而发展其他相关部门。

乱世八风劲吹，狂潮迭起，为了确保学生专心于学业，蒋梦麟主持制定《国立北京大学学则》，其主要内容为：取消选科单位制，实行学分制；在管理环节上，遵循北大传统，自由宽容，个性发展不受限制，师生之间达成"只有陶冶，而无训练"的共识；建立学术团体，营造学术氛围，开展中外学术交流，期以"教育救国"、"学术救国"。

在第二个七年，蒋梦麟的改革收获奇效，"科学教学和学术研究的水准提高了。对中国历史和文学的研究也在认真进行。教授们有充裕的时间从事研究，同时诱导学生集中精力追求学问，一度曾是革命活动和学生运动漩涡的北大，已经逐渐变为学术中心"，这份成绩单拿出来，不服气的人是不多的。

无奈形势比人强，日寇步步进逼，华北已放不下一张宁静的书桌，北大、清华、南开三校南迁，整合为国立西南联合大学。北京大学率先迁到长沙，南开大学校长张伯苓和清华大学校长梅贻琦尚在途中。有人担心三所大学合并在一起难免同床异梦，便向蒋梦麟提议："假使张、梅两位校长不来，我们就拆伙好了。"听完这些议论和主张，蒋梦麟一改平时的温文尔雅，声色俱厉地批评道："你们这种主张要不得，政府决定要办一所临时大学，是要把平津几个重要的学府在后方继续下去。我们既然来了，不管有什么困难，一定要办起来，不能够因为张伯苓先生不来，我们就不办了。这样一点决心都没有，还谈什么长期抗战？"

西南联大因抗战而创立，其体制相当特殊（由北大、清华、南开三所大学的校长出任校务委员会常委，轮流执政，因蒋梦麟兼任红十字会中国总会会长，张伯苓在政府也另有兼职，两人长期不在昆明，梅贻琦实负全责），独立中有融合，融合中有独立。从一开始，蒋梦麟就对联大事务采取不争和无为的立场，当北大与清华的利益发生冲突时，外界的印象多半是北大吃瘪，清华吃香，在众人心目中，西南联大的实际掌舵人也是梅老板，而不是蒋老板。久而久之，那些习惯于顾盼自雄的北大教授郁积了难以宣泄的愤懑之情，蒋梦麟遂成为众矢之的和众怨之薮。谢兴尧即严厉批评蒋梦麟以"整齐划一"的清华精神改造"独立自由"的北大精神。1945年，北大教员暗中联合，一场"倒蒋迎胡"的风潮不可遏止，在他们心目中，卸职大使、尚在美国养病的胡适乃是北大校长的不二佳选。同年6月,蒋梦麟出任行政院秘书长,等于倒提宝剑,授人以柄,北大教员的攻击"武器"更为犀利。为此傅斯年一度金刚怒目,与蒋梦麟当面发生争吵,所幸蒋梦麟经一夕反思而幡然省悟,向傅斯年表示遵从众议。1929年,蒋梦麟在国民政府教育部长任内,亲手制定《大学组织法》,其中有一条刚性规定:大学校长不得兼任政府官员。此时,他任职行政院秘书长,触犯了自订的禁条,不说是作法自毙,也算是作茧自缚吧。

1945年8月,蒋梦麟退出西南联大,辞去北大校长,继任者果然是众望所归的胡适,后者因病滞留美国,由傅斯年代理北大校长职务。

蔡元培奠基,蒋梦麟造房,胡适封顶,北大的传统续续而不断,那三十多年,是北大最辉煌的时期。蒋梦麟承上启下,掌校时间最长,自然功不可没。蒋梦麟的特点是什么?勇于负责,锐意进取,任劳任怨,务实求真,此为世所公认。中国现代图书馆事业奠基人蒋复璁将蒋梦麟一生心得概括为:"以儒立身,以道处世,以墨治学,以西办事。"郑逸梅在《学林散叶》中的记载则更加有趣:"抗战中,蒋梦麟当北大校长,曾说自己平生做事全凭三子,'以孔子做人,以老子处世,以鬼子办事'。所谓'鬼子'者,洋鬼子也。指以科学精神办事。"台大理学系教授陈雪屏则看重蒋梦麟的用人不疑和超脱的处世态度，"他尊重个人自由：凡个人行为之不涉及公众权益者，他绝不过问或批评；凡他的同事在分层负责的范围内所决定的事项，他从不挑剔或干预。他信服老庄的道理，对于屑细的是非之争与成亏之辨看得很淡。因此他能够超脱于复杂的人事纠纷之上。"

1950年12月17日，北大建校五十二周年纪念会在台北举行，傅斯年登台演讲，实话实说：蒋梦麟的学问不如蔡元培，办事却比蔡元培高明。他的学问比不上胡适，但办事却比胡适高明。傅斯年演讲完毕，蒋梦麟笑着应和："孟真，你这话对极了！所以他们两位是北大的功臣，我们两人不过是北大的功狗。"自谦归自谦，在蒋梦麟内心，能做北大的"功狗"，何尝不是一样的快惬和满足。何况做这样的"功狗"，不会遭遇"飞鸟尽，良弓藏；狡兔死，走狗烹"的悲剧下场，他又何乐而不为。

有人说，蒋梦麟的学问不是顶尖级的，但他的知识面宽，口才好，处事公平，待人热忱，往往能以德服人。他担任北大校长多年，深知山外有山，天外有天，晚年他回忆自己在北大的经历，自谦是个万金油样的角色："有人说北京大学好比是梁山泊，我说那么我就是一个无用的宋江，一无所长，不过什么都知道一点。因为我知道一些近代文艺发展的历史,稍有空闲时,也读他们的作品,同时常听他们的谈论。古语所谓:'家近通衢,不问而多知。'我在大学多年,虽对各种学问都知道一些,但总是博而不专,就是这个道理。"但凡读过蒋梦麟的回忆录《西潮·新潮》的人,都会承认他学养深厚,文笔潇洒,具备繁茂的感情和丰沛的理智,大事小事均能娓娓道来,史识既出众,见地也非凡,不愧为美国哥伦比亚大学的哲学博士、教育学博士,不愧为实用主义哲学家杜威的入室弟子。姑举《西潮·新潮》中的一段妙论为例:

>中国对西方文化的反感,正像一个人吃得过饱而闹胃痛以后对食物的反感。1898年的康梁维新运动,只是吃得过量的毛病;1900年的"义和团之乱",则是一次严重而复杂的消化不良症,结果中国硬被拖上手术台,由西医来开刀,这些西医就是八国联军。这次医药费相当可观,共计四亿五千万两银子,而且她几乎在这次手术中丧命。

匪夷所思的是,蒋梦麟躲空袭警报时用英文写成《西潮》的初稿。由于他在防空洞中经常只能席地而坐,光线颇为幽暗，英文比汉字更易对付，闭着眼睛都可下笔。洞中文思如泉，洞外炸弹如雨，如此潜心著书的人怕是绝无仅有吧。

蔡元培没有把北大校长当成官来做，蒋梦麟也没有把北大校长当成官来做，这就对了。他做官是根本不行的，悬鹄甚高，求治过急，被人认为刚愎自用，一意孤行。他在教育部长任上时，国民党元老吴稚晖当面批评他"无大臣之风"，刘半农听说此事后，特意赠给他一方"无大臣之风"的图章，以为雅谑。

有人说，蒋梦麟是北大精神坚定不移的捍卫者，北大之为北大，没有蔡元培不行，没有胡适不行，没有蒋梦麟同样不行，在北大完整的龙骨架中，他对腹背的支撑作用绝对不可低估。当初，蔡元培毅然选定蒋梦麟代理北大校长，使北大幸运地收获到一位杰出的行政干才，知人之明实非浅显。

有种：正气凛然

蒋梦麟励精图治，渴望实现"新北大"的梦想，这就注定要经受几番波折。九一八事变之后，中国北方的局势急剧恶化，日本侵略者觊觎华北的狼子野心路人皆知，战云笼罩之下，北平岌岌可危。蒋梦麟曾加入"低调俱乐部"，虑及中国军力不济，财力不足，"忍痛求和"（放弃东三省，承认伪满州国）是当时蒋梦麟和胡适共同的想法。他们主张与日本和谈，避免国家一朝瓦解和玉碎的危险局面。蒋梦麟代表北方知识精英与英国公使蓝浦生多次会晤，请后者居中斡旋。结果由于国民政府外交部长罗文干出面阻止而使整个计划胎死腹中。此举并不证明蒋梦麟是媚日的软骨头，毕竟在战前（哪怕是最后一刻）寻求和平的愿望和努力都是值得尊重的。蒋梦麟是北大校长，北大是中国的精神堡垒，众耳所闻，众目所视，其一言一行牵动甚广。日本人怎么会不清楚蒋梦麟的地位、名望和价值？若能拉拢他，建立"深厚的友谊"，必定收得攻心为上的奇效。然而蒋梦麟对日方暗示和明示的种种"美意"嗤之以鼻，弃若腐鼠。在文化方面，蒋梦麟认为日本人过分迷信神佛，学习中国传统文化很不彻底，因而只知忠，不知恕，弄成瘸腿跛足，变为偏执狂。曾有一位日本学者到北大侃侃而谈中日文化关系，结果蒋梦麟告诉对方："除了日本的军事野心之外，我们可看不出中日之间有什么文化关系的存在。"这句话将那位日本学者的假面具一把撕了下来。对于中国，日本在文化上不能反哺，在军事上却要反噬，蒋梦麟清醒地认识到，日方大唱赞歌的"东亚共荣圈"被美化为"珍珠项链"，实则是勒紧中国脖颈的绳索。

1935年秋，由蒋梦麟领衔，北大教授发表宣言，誓死反对华北的"自治运动"，痛斥这一卑劣行径"脱离中央，乃卖国的阴谋"。这篇宣言义正词严，在全国上下赢得广泛的响应，蒋梦麟因此被誉为"北平正气的代表者"，成为日本军方的眼中钉和肉中刺。

1935年11月29日，日本宪兵登门造访，"敬请"蒋梦麟去东交民巷日本大使馆武官处"谈话"，迫蒋就范的真实意图昭然若揭，此行的凶险程度则不言而喻。

关公单刀赴会是小说家刻意编造的情节，蒋公只身入营，则是真实的故事。家人和朋友为他担心，他却若无其事，神色从容淡定，将虎穴狼窝视为酒吧茶室。

蒋梦麟在回忆录《西潮·新潮》中对此行有极具现场感的描写，不比任何小说情节逊色。

> 我走进河边将军的办公室之后，听到门锁咔嚓一声，显然门已下了锁。一位日本大佐站起来对我说："请坐。"我坐下时，用眼睛扫了旁边一眼，发现一位士官拔出手枪站在门口。
>
> "我们司令请你到这里来，希望知道你为什么要进行大规模的反日宣传。"他一边说，一边递过一支香烟来。

"你说什么？我进行反日宣传？绝无其事！"我回答说，同时接过他的烟。

"那末，你有没有在那个反对自治运动的宣言上签字？"

"是的，我是签了名的。那是我们的内政问题，与反日运动毫无关系。"

"你写过一本攻击日本的书。"

"拿这本书出来给我看看！"

"那末，你是日本的朋友吗？"

"这话不一定对。我是日本人民的朋友，但是也是日本军国主义的敌人，正像我是中国军国主义的敌人一样。"

"呃，你知道，关东军对这件事有点小误会。你愿不愿意到大连去与坂垣将军谈谈？"这时电话铃声响了，大佐接了电话以后转身对我说，"已经给你准备好了专车。你愿意今晚去大连吗？"

"我不去。"

"不要怕，日本宪兵要陪你去的，他们可以保护你。"

"我不是怕。如果我真的怕，我也不会单独到这里来了。如果你们要强迫我去，那就请便吧——我已经在你们掌握之中。不过我劝你们不要强迫我。如果全世界人士，包括东京在内，知道日本军队绑架了北京大学的校长，那你们可要成为笑柄了。"

他的脸色变了，好像我忽然成了一个棘手的问题。"你不要怕呀！"他心不在焉地说。

"怕吗？不，不。中国圣人说过，要我们'临难毋苟免'，我相信你也一定知道这句话。你是相信武士道的。武士道绝不会损害一个毫无能力的人。"我抽着香烟，很平静地对他说。

电话又响了，他再度转身对我说："好了，蒋校长，司令要我谢谢你这次的光临。你或许愿意改天再去大连——你愿意什么时候去都行。谢谢你。再见！"门锁又是咔嚓一响。大佐帮我穿好大衣，陪我到汽车旁边，还替我打开汽车门。这时夜色已经四合了。我独自到日本兵营，也有朋友说我不应该去的，听日本人来捕好了。他们敢么？

第二天下午，宋哲元将军出于好意，派一位少将到北大来劝蒋梦麟尽快离开北平，从长计议，他怕日本人还有更狠更黑的后手，而他爱莫能助。蒋梦麟表示谢忱之后，告诉来使,这回他将留在北平负起自己的责任,哪儿都不去。

不久,陈诚将军北上,代表蒋介石委员长慰问蒋梦麟。古人有所谓血勇、脉勇、骨勇、神勇之别,蒋梦麟无疑是神勇之人,赢得世人的敬意实在情理之中。

到台湾后,蒋梦麟继续担任"中国农村复兴联合会"主任,孔席犹暖,墨突不黔,极力推动农村社会改革,以期实行"公平分配",体现"社会公道"。有件事特别值得一提,蒋梦麟对节制人口极尽宣传和推动之力。1957年,马寅初发表《新人口论》,在海峡两岸,北大的老校长和新校长都想到一块儿去了,这是不是巧合?蒋梦麟曾经对力主节育的性学家张竞生缺乏好感,他的思想转变很大。当时,谁若主张节育,就好像变着法子要使大家断子绝孙,会招惹不少愤怒的咒骂和恶毒的攻讦。某些无知的人认为节育是"基于极端个人快乐主义之邪念",是"主张性交自由,而以人为的方式或性交技术以遂其快乐"。更有甚者,直斥蒋梦麟比秦桧、汪精卫更可恶,更可耻,更可恨,疯狂叫嚣要"杀蒋梦麟以谢国人"。面对众口铄金的汹汹之势,蒋梦麟不变其言,不辍其行,不易其理。1959年4月13日,他在记者招待会上公开表示:"我现在要积极地提倡节育运动,我已要求政府不要干涉我。如果一旦因我提倡节育而闯下乱子,我宁愿政府来杀我的头,那样太多的人口中，至少可以减少我这一个人。"事实胜于雄辩，蒋梦麟做了一桩十分正确的事情。国民党元老王世杰称赞蒋梦麟提倡节育是"一件最不平凡的功业，……将来影响一定是很深远的"。

蒋梦麟有种，也有谋，他不是蛮干的人，而是在顺境和逆境都能有所作为的智者。做正确的事情，辅之以血性和头脑，如果还不成功，那就真叫天意难违了。

有义：义不容辞

在左右为难的年代，谁担任大学校长，都会领教到学生运动的厉害。蔡元培性情温厚，为了保护教员，也曾被闹事的学生逼急了，不禁怒从心头起，捋袖出拳，要与闹事者决斗。蒋梦麟同样遭遇过学生的多次围攻，甚至在校长办公室里被闹事学生关了近两个小时禁闭。北大学生最发飙的一次，从天津运来三颗炸弹，要炸掉"猪仔议员"成窝的国会大楼，蒋梦麟劝阻学生的过激举动后，长时间心有余悸。后来，北大学生将这三颗炸弹偷偷地丢入城外的小河里，其中一颗要了某位渔夫的性命。有一次，辜鸿铭对蒋梦麟说："你相信民主，这实在是民狂！"这位老爷子性情怪僻，他并不是站在"猪仔议员"那边讲话,只说明他对学生运动非常反感。抗战前夕,全北平各校的学生代表还做了一件特别出格的事情,他们抬了一口棺材放在北大三院开大会,蒋梦麟气坏了,却无可奈何。

在回忆录《西潮·新潮》中,蒋梦麟分析"学生势力这样强大而且这样嚣张跋扈"的原因,见解相当明晰:"这些学生多半是当时统治阶级的子女。学生的反抗运动,也可以说等于子女对父母的反抗。……学生运动在校内享有教师的同情,在校外又有国民党员和共产党员的支持,因此势力更见强大。"蒋梦麟曾赴总统府为教师讨取欠薪,亲眼看到武装宪警动枪动刀的可怕场面,马叙伦教授被枪托打得额头红肿,鼻孔流血,住进医院。蒋梦麟说,他当大学校长,经常会做噩梦,辗转难以安枕,不是梦见青年男女横尸北京街头,就是梦见武装宪兵包围北京大学要他交出学生领袖。那时风潮迭起,当大学校长绝非美差,真是伤透了脑筋。

1926年,北平学界为三一八惨案的遇难者举行追悼会,北大代校长蒋梦麟担任主祭,他痛心疾首地说:"我任校长,使人家之子弟,社会国家之人才,同学之朋友,如此牺牲,而又无法避免与挽救,此心诚不知如何悲痛!"言至于此,蒋梦麟潸然泪下,全场为之动容。在追悼会上,他将个人安危置之度外，义正词严地抨击军阀暴行："处此人权旁落，豺狼当道之时，民众与政府相搏，不啻如与虎狼相斗，终必为虎狼所噬。古人谓'苛政猛于虎'，有慨乎其言矣！"追悼会一结束，蒋梦麟的名字就上了通缉名单。

1931年，九一八事变之后不久，蒋梦麟、梅贻琦联合北平各大学校长发表《告同学书》、《第二次告同学书》，大声疾呼，"赤手空拳的群众活动只有荒废学业，绝非有效的救国方法"，"马上复课吧！先尽我们的责任"。不用说，这些呼吁效果甚微。蒋梦麟是中华民国国立大学校长，不得不服从中央的命令，他打击过进步教授许德珩、马叙伦，开除过学生领袖韩天石，但这些权宜之计、无奈之举都是做给政客们看的，一俟局势稍稍缓和，他就亲自向马叙伦道歉，送还聘书，他还出面与北平市长秦德纯交涉，保释因反日游行被捕的二十八名学生。

1933年，蒋梦麟以"不缴纳学费"为由，开除九名"左倾"学生，千家驹便是其中之一。可奇怪的是他们很快就各自收到一封匿名的同情信，随信附有一张支票，数目不菲，整整三百块大洋。千家驹直到晚年都拿不准这笔钱是谁馈送的。据他分析，共产党想送，没钱；社会上好义之士肯送，却不知受罚学生的姓名和地址。千家驹猜测道："我判断这是蒋梦麟校长耍的'两面派'手法。蒋一面开除学生,一面又怕他们留在北京铤而走险,对他发生不利行动,干脆花一笔钱叫他们早早离开。果然,九位同学得了钱后,有的东渡日本,有的去了德国,各奔前程去了。"如果千家驹的猜测没错,蒋梦麟的这步棋确实是出神入化的妙着,造成多赢的局面。

北大有好几位"左派"教授,许德珩、侯外庐和马哲民很难与蒋梦麟同气连枝,他们策动学生运动,令蒋梦麟头痛不已,二者不说水火难容,针尖对麦芒,也算各异其趣,各行其志,道不同不相为谋。但身为北大校长,蒋梦麟胸襟宽阔,海量包容。七七事变后,许德珩、侯外庐、马哲民被警方拘捕,蒋梦麟毫不迟疑,立刻联合胡适,多方奔走,设法营救,奋力将他们捞出黑牢。

蒋梦麟最仗义的举动是为周作人出具证词。周作人因汉奸罪被捕受审之时,作为文化界的巨奸大恶人,已到了"世人皆曰杀"的危险边际,与他撇清干系的人有之,冷眼旁观的人有之,落井下石的人有之,蒋梦麟却实事求是,不打马虎眼,不讲违心话,有一说一,表现出独立知识分子的正直品格。

1946年7月19日,国民政府首都高等法院公审周作人,媒体密切关注。周作人在诉状中声称："学校南迁，教授中年老或因家庭关系不能随行者，有已故之孟森、冯祖荀、马裕藻及被告四人，由校长蒋梦麟特别承认为北大留平教授，委托保管校产。"1946年8月13日，首都高等法院院长赵琛致函蒋梦麟，请蒋梦麟再次核实他出具的证明文书"是否即为台端手笔"。蒋梦麟回信表示无误，其中有这样一句话，颇为关键："查本人在前北京大学校长任内，于华北沦陷时，确曾派已故之孟森、冯祖荀、马裕藻及现在押之周作人保管北京大学校产。"这句证词在很大程度上使周作人得以从轻发落。当时，舆论汹汹，人言可畏，蒋梦麟基于事实，挺身"为汉奸洗刷罪名"，其非凡的勇气和义气令人钦佩。

有情：为情所困

世间的大智者也往往会被一个"情"字绊翻在地，为情所苦，为情所困，甚至为情所毁。

蒋梦麟悟性甚高，他将男女关系概括为三种类型：一曰狗皮膏药，二曰橡皮膏药，三曰氢气球。所谓狗皮膏药，贴时不易，撕开也痛，旧式婚姻之谓也。橡皮膏药贴时方便，撕开也不难，普通婚姻之类也。至于摩登者流，男女双方均得时时当心，稍有疏忽即行分离，正似氢气球然。至于他本人的婚姻，有"狗皮膏药"型，也有比"狗皮膏药"型更难办的"强力胶贴纸"型。

1933年，北大校长蒋梦麟迎娶陶曾谷，婚礼在北平举行，证婚人是胡适。蒋梦麟自有他的盘算，由胡适证婚，这位大学者的社会名望可以堵住悠悠之口，给他减轻舆论压力。殊不知，胡适的妻子江冬秀极其反感蒋梦麟休妻另娶，她关上家门，不准胡适去扮演证婚人角色。江冬秀与蒋梦麟、陶曾谷素无过节，她阻拦胡适，并非出于私怨，而是出于公愤，这话怎么讲？原来事出有因，蒋梦麟为了迎娶陶曾谷，不惜伤筋动骨，毁家再造，毅然决然与原配孙玉书协议离婚，他力求稳妥，在蒋家宗族内保持孙玉书的地位及一切人际关系，他在老家的产业悉归孙玉书所有，三子一女的教育费用仍由蒋梦麟承担，此事能见谅于孙玉书和蒋梦麟的子女，却无法见谅于社会。在江冬秀心目中，蒋梦麟道德上既有亏又有愧，他的示范作用可大可小，如果胡适受到启发，类似的遭遇就会落在自己头上。然而胡适有胡适非去证婚不可的理由：蒋梦麟是他的校长和师兄。情急之下，他只好爬窗而遁。胡适喜欢做月老，是出了名的，撮合朋友成婚是其人生一大乐事，在他那本"鸳鸯谱"上签名的就有徐志摩夫妇、赵元任夫妇、沈从文夫妇、千家驹夫妇……长长的一串名单。因此胡适爬窗去为蒋校长证婚乃是合情合理合乎逻辑，并非什么奇闻。

当年，蒋梦麟与原配孙玉书离异，算不上轰动全国的新闻，但他迎娶陶曾谷，另有一层说不清道不明的关系，被无聊小报逮个正着，沦为恶搞的话题。蒋梦麟与高仁山是多年的莫逆之交，陶曾谷是高仁山的遗孀。高仁山先后执教北京大学、北京师范大学，是北大教育系的创立者。1928年1月15日，由于在政治上惹嫌犯忌，高仁山被奉系军阀戕杀于天桥刑场。高仁山遇害之后，蒋梦麟同情陶曾谷的凄凉处境，对她呵护有加，关怀备至。1928年，蒋梦麟出任国民政府首任教育部长，陶曾谷成为他的秘书。一个使君有妇，一个空闺守寡，虽有种种关碍，但无妨彼此日久生情，双双坠入爱河之中。

婚礼那天，蒋梦麟答谢宾客，当众剖白心迹："我一生最敬爱高仁山兄，所以我愿意继续他的志愿去从事教育。因为爱高兄，所以我更爱他爱过的人，且更加倍地爱她，这样才对得起亡友。"这番话至为诚恳，却有懈可击，有辫子可抓，要让无聊小报偃旗息鼓并不容易。蒋梦麟爱屋及乌，娶亡友的遗孀为妻，通达之士称赞他身上具有魏晋名士不拘礼法的流风余韵，顽固的保守分子则贬斥其所作所为是无法取谅于社会的伤风败俗之举。

蒋梦麟与陶曾谷的爱情基础坚实,婚姻堪称美满。不过美中也有不足之处,陶曾谷为人处事欠缺圆通,据北大数学系教授江泽涵讲,蒋梦麟的夫人陶曾谷与多位教授"谈不来",傅斯年更是直言不讳地指出,蒋梦麟"与北大教授感情不算融洽,总是陶曾谷女士的贡献"。1944年,北大教员"倒蒋迎胡",显在的原因是蒋梦麟以行政院秘书长身份兼任北大校长,与《大学组织法》中大学校长不得兼任政府官员的刚性规定相抵牾,潜在的原因则是陶曾谷的表现令一些北大教授心生抵触。1958年,陶曾谷去世,胡适忠告蒋梦麟"勿续弦",起初两年,虽有不少人说媒作伐,蒋梦麟的心旌不为所动,然而在1960年台湾圆山饭店的一次宴会上,蒋梦麟初见徐贤乐,就着了魔,缴了械。

徐贤乐年轻时风华绝代,曾与陆军大学校长杨杰有过一段婚姻,杨杰被国民党特务暗杀后,她成了寡妇,也成了香饽饽。蒋梦麟七十四岁,徐贤乐四十八岁。徐娘半老,风韵犹存,年龄的差异,并不妨碍蒋梦麟对徐贤乐钟情若醉,他写信给后者,如此坦诉衷肠:"在我见过的一些女士中,你是最使我心动的人。"蒋梦麟的书法出色,几个月后,他用金边皱纹水色纸书写五代艳词高手顾琼的一阕《诉衷情》:"永夜抛人何处去？绝来音，香阁掩，眉敛月将沉，争忍不相寻？怨孤衾。换我心，为你心，始知相忆深。"他特别注明"敬献给梦中的你"，倾慕之情溢至言词之外。

蒋梦麟"老房子着火"，很快就与徐贤乐谈婚论嫁，消息传出，诧异之声和质疑之声不绝于耳。当局者迷，旁观者清，不看好的亲友占绝大多数，宋美龄、陈诚、张群这样的重量级人物亦在其列，反对最力的当属胡适，他抱病寄来长信，劝导蒋梦麟，直陈利害，道明就里："这小姐的手法，完全是她从前对待前夫某将军的手法，在谈婚姻之前，先要大款子，先要求全部的财产管理权。孟邻先生太忠厚了，太入迷了，决不是能应付她的人。某女士已开口向你要了二十万元，你只给了八万：其中六万是买订婚戒指，两万是做衣裳。这是某女士自己告诉人的，她觉得很委屈，很不满意。关心你幸福的朋友来向我说，要我出大力劝你'悬崖勒马'，忍痛牺牲已付出的大款，或可保全剩余的一点积蓄，否则你的余年绝不会有精神上的快乐，也许还有很大的痛苦。"徐娘的不诚信记录摆在那儿，其前欢后好均怵于她的贪财好货，虽一时堕入笼中，无不忍痛割爱。胡适有感于此，奉劝蒋梦麟破财消灾。蒋梦麟聪明一世，糊涂一时，他竟然对徐贤乐的虚情假意信以为真，外界的一致反对倒是激起他的强烈反弹，他抗议道："结婚是我个人的私事，我有我个人的自由，任何人不能管我！"世间经典的爱情都是叛逆者手中的果实，即使是苦果，是恶果，也似乎值得尝试。蒋梦麟执迷不悟，一意孤行，他将女儿的恳求当成耳旁风，将老友的绝交视为寻常事。年轻人盲目追求爱情，铸成大错，还有许多时日去补救；老人飞蛾扑火，就只怕连仅剩的本钱都会蚀空。

1961年7月18日，蒋梦麟力排众议，迎娶徐贤乐，举行了一个简单而又秘密的家庭式婚礼，有情人终成眷属。不受祝福的婚姻会破例幸福吗？这个疑问很快就有了答案。一年后，热情骤冷，红灯炫亮。令蒋梦麟特别寒心的是，他跌断腿骨，住院治疗，徐贤乐却不肯悉心照料，托言回家做年肴，偷偷地迁移户口，搬走东西。稍后，蒋梦麟出院回家，徐贤乐杳然黄鹤。夫妻情分遂降至冰点。

早知今日，何必当初？1963年1月13日，蒋梦麟写下一纸休书（"分居理由书"），说明他与徐贤乐意见不合，无法共处，决定分居。徐贤乐岂肯善罢甘休？她将蒋梦麟往昔写给她的情书和艳词一一公诸报端，强调两人原本亲密无间，恩爱无隙，弄成目前劳燕分飞的情势，全是别人挑唆造成。此后，蒋梦麟向徐贤乐摊牌，请律师，打官司，离婚大战全面爆发，台湾媒体一哄而上，如同鳄鱼闻到了血腥味。蒋梦麟提出的离婚理由是:"受到人所不能忍受的痛苦,家是痛苦的深渊,后悔没有听胡适之先生的忠告,我愧对故友,也应该有向故友认错的勇气,更要拿出勇气来纠正错误。"蒋梦麟的诉讼书中写道:"……被告乖张之迹,即行暴露:诸如凌辱吾女,侵渎先室;需索敛聚,恶老嫌贫……"徐贤乐则装成弱女子和受害者,反而在舆论上占得上风。此时,蒋梦麟已是风烛残年,腿伤未愈,体质孱弱,精神委顿,接受媒体采访,当场老泪纵横,他颤颤巍巍地说:"我坚决要和徐女士离婚,我有道理,也有原因的。我已是望百之年的老人了,在社会上做了几十年的事,也不是小孩子,岂会这么容易受人挑拨?"

1964年1月23日,这场旷日持久的离婚官司经过调解而息讼,蒋、徐二人协议离婚,由蒋梦麟支付给徐贤乐赡养费五十万元。辣价钱却换不回内心的宁静,四个多月后,蒋梦麟因肝癌逝世,终年七十八岁。

蒋梦麟晚年婚变,闹得满城风雨,同情和取笑他的文字甚多,有一副对联构思巧妙之极,也许是流传最广的:

蒋径全荒,孟母难邻之矣!
徐娘半老,贤者亦乐此乎?

上联嵌的是"蒋孟邻"（蒋梦麟号孟邻），下联嵌的是"徐贤乐"。这副对联肆意调侃，极端谑虐，死者泉下有知，不踢烂棺材板才怪。

蒋梦麟是饱学之士，一部《论语》背诵得滚瓜烂熟，他不可能不记得孔子的谆谆教诲："君子有三戒：少之时，血气未定，戒之在色；及其壮也，血气方刚，戒之在斗；及其老也，血气既衰，戒之在得。"临到暮年，他仍然倾情以赴，兢兢求娶美妻，这道情关不幸成为了鬼门关，不仅他本人沮丧不已，悔之无及，因此殒命，所有敬重他的人莫不扼腕唏嘘。这位有功、有种、有义、有情的北大老校长，一生都喜欢讲有趣的笑话，过有味的生活，但他在愤懑中逝去，"趣味"二字，就难免虎头蛇尾，这真是没有办法的事情。

马寅初
中国计划生育教父

从蒋介石到毛泽东,他从不言虚,总是"哪壶不开提哪壶"。落得饱经政治折磨,吃尽各种苦头,却活够了整整一个世纪。

世纪老人马寅初（1882—1982）能够从狂涛骇浪中一而再、再而三地脱险，有人诧为奇迹，有人羡为幸运，有人视为偶然。不管怎么样，像他这种骨质硬朗、精神明亮的学问家，终归不可多得。季羡林先生曾说："建国以来的知识分子，我最佩服两个人，一个是梁漱溟，另一个就是马寅初。他们代表了中国知识分子的脊梁。"脊梁的承载量最巨，所受的外力冲撞也最凶，马寅初能够屹然挺立，坚卓的信念和超凡的修为双双起到了决定作用。

古人留下的咏马诗数以千计，我最喜欢其中两首，一首是杜甫的《丹青引赠曹霸将军》，另一首是李贺的《马诗二十三首》第四首。"斯须九重真龙出，一洗万古凡马空"，这是曹霸笔翰下雄壮的马，嘶风绝辔，疑为仙界骅骝。"此马非凡马，房星本是星。向前敲瘦骨，犹自带铜声"，这是李贺视野中刚劲的马，凝神驻足，疑为人间雕塑。马寅初是蹑影超光的乌骓、赤兔，我们要了解他，就得逾越凡马的圈栏矩阵才行。

从帮忙到"添乱"

1882年6月24日,马寅初出生于浙江绍兴。有人想当然地推测他是回族人,纯属误会。有人费力劳神考证他是虞世南的后裔,也未必确切。在嵊县浦口镇,马寅初的父亲马棣生是一位小作坊主,酿酒的手艺有口皆碑,他名下的酒店"马树记"生意兴隆。家中嫡亲五兄弟,马寅初排行老幺,他天资聪颖,最得父亲看重,但马家老爷子认定一点:子承父业才是正路,学会管账经营就算出息。因此他只让马寅初上私塾识文断句,不让他去大城市的洋学堂里继续深造,偏偏这位犟哥儿要顶撞家长意志,声称"打死也不做生意"。马家父子的冲突达到白热化,马寅初的抗争极其勇烈,他纵身跳入黄泽江,险些做了龙王三太子。少年时期,这种决绝之举足见他性格倔犟,一旦认准目标,就九牛拉不回头。

马棣生的老友张江声回乡省亲访友,听说这件四邻皆惊的奇事,不禁对读书种子马寅初油然而生怜惜之心,他出面劝说马店主让儿子出远门上洋学堂,为此他乐意解囊相助。马寅初盼得救星下凡,遂拜张江声为义父。

极想读书的人，通常也极会读书。1903年，马寅初考入天津北洋大学矿科，学校因陋就简，居然没有任何标本和资料可供研究，学生以实习为主，下矿井，钻坑道，苦不堪言。当时土法开矿，既没有安全措施，也没有卫生条件，马寅初弄得一身脏臭，心知此路不通，出了矿井，他就决意改修经济学。1907年，马寅初受益于北洋大学总办丁唯鲁与教务提调丁家立（美国公理会教士）闹矛盾，尚未毕业即留学美国，先在耶鲁大学拿到经济学硕士学位，然后在哥伦比亚大学获得经济学、哲学双料博士学位。1914年，在新大陆，他初显身手，就技惊四座，毕业论文《纽约市的财政》得到美国学术界的高度认可，被哥伦比亚大学列为一年级新生的教材。

1915年，马寅初学成归国。各路军阀出高薪请他理财，差不多说尽了好话，踏破了门槛，他却不为所动，对官场习俗，不愿迁就，对外宣称"一不做官，二不发财"。他抱定"强国富民"的理想，踏入的却是教育界。1917年，应蔡元培诚邀，马寅初出任北京大学经济研究所主任，两年后，他荣升为北京大学首任教务长。

早在1928年，马寅初就被国民政府聘任为立法委员、立法院经济委员会委员长、财政委员会委员长。他诚心诚意要帮国民政府的忙，并且将帮忙视为自己义不容辞的责任。问题是,他理解的帮忙(兴利除弊)被文过饰非的当局认定为添乱和添堵,这让他既愤懑又失望。

1932年,蒋介石故作"礼贤下士"的姿态,意欲转学多师,请马寅初教会他经济学的常识。有道是,伴君如伴虎,"帝王师"并不好做。马寅初将传道授业解惑视为正经的分内事,这固然没错,但经济之失即为政治之失,二者不可能撇清瓜葛,就看他从何讲起。谁也没料到,马寅初哪壶不开提哪壶,他在"委座"面前批评"攘外必先安内"的现行政策,这显然是蒋介石不爱恭听的话题,也没有任何可以探讨的余地。

在民族危机日益加深的当口,欲发国难财的肉食者无不蠢蠢欲动。1934年冬,国内物价飙涨,通胀失控,孔祥熙主理的国民政府财政部却倒行逆施,大幅调低外汇比价,放水救涝,贻笑大方。在立法院会议上,马寅初当面严诘孔胖子:"你这哪叫为国理财?这叫借寇兵而赍盗粮,祸害国人!"舆论随之跟进,国民党当局有些吃不消了,竟恼羞成怒,责怪马寅初乱捅马蜂窝,"不符合党国利益"。既然"党"在"国"前,"党国利益"自然就是少数人的利益优先于多数人的利益,这等于不打自招。1935年2月3日,马寅初在《武汉日报》上发出辩驳文章,剖明心迹:"鄙人每以党员之地位,对于危害党国、藉便私图之流,不得不以正言相责。虽得罪于人,在所不计。"同年8月，马寅初勇揭黑幕，将洋人所办的"万国储金会"的骗局公之于众，告诫国人不要轻信其利诱而贸然上当，并且呼吁当局依法取缔此会。为了表明自己决不与银行界的蛀虫同流合污，他毅然辞去浙江兴业银行的高薪兼职。

1936年，马寅初担任浙江省财政厅长、省府委员。某日，一位不速之客登门造访，正巧马厅长不在家。这人先在杂工老潘身上下足了工夫，送上三百块银洋给他吸烟，另有两千块银洋则是送给马厅长喝茶。谁会平白无故扮演送财童子？来人是马寅初的德清老乡，想打通马厅长的关节，弄个县长当当。他可找错了人。马寅初回家后，听闻此事，仿佛蒙受了奇耻大辱，他怒骂道："此人真是无耻之尤！蚊子叮菩萨——也不看清对象是谁。他今天能拿出两千多块光洋走门路，日后当上县长，就会盘剥民脂民膏。这种贪官污吏的烂胚胎，一身污浊气，我会瞎了眼保举他！"

通常情况下，正直的经济学家与当局发生激烈冲突，也不至于擦"枪"走火。但马寅初确实是个不折不扣的例外。郭沫若曾称赞他是"蒸不烂、煮不熟、捶不爆的响当当的一枚'铜豌豆'"，这回倒不算巧谀。马寅初抨击蒋宋孔陈"四大家族"横征暴敛，趁火打劫，大发国难财，他剖析官僚资本积累的过程就是权贵们对中华民族敲骨吸髓的过程，建议蒋介石对那些豪门巨族征收"战时过分得利税"。蒋委员长也是局中人，如何肯对自家亲朋戚友下毒手？马寅初狠揭疮疤，不留余地，能言人之不能言，敢骂人之不敢骂（他骂孔祥熙和宋子文是"猪狗不如的上上等人"）。他的演讲和文章均以事实为依据，令朝野为之震惊，也使当轴者（身居要职的人）极为头痛。蒋介石深知人才难得，但他除了许以高官（财政部长或中央银行总裁）厚禄，别无羁縻驾驭之术，马寅初平生就不爱吃这种"敬酒"，这次当然也不例外。在特务横行的地区，马寅初的生命恒处于危险之中。他曾收到两封匿名信，寄信人先礼后兵，一封装派克金笔，另一封装手枪子弹。这意思再清楚不过了：要么你笔下留情，要么我子弹兑现。马寅初的态度会不会转弯？你只要听听他的原话录音就知道了："二万里江山已尽落胡人之手，何敢再惜此区区五尺之躯！"

1939年，东方的老马（马寅初）开始与西方的老马（马克思）发生交集，马寅初认定马克思主义理论才是中国的"救命心丹"，"新民主主义"社会才是国人的愿景。马寅初遽然向左转了，转弯半径很大，国民党宣传机构决定封杀他，重庆的报刊不许刊登他的文章，各单位不许请他演讲。这样做有用吗？应该说适得其反，马寅初的文章自有共产党的《新华日报》敢登，而且一登一整版，毫不含糊。

应该说，蒋介石对马寅初研究战时经济问题的水平非常认可，他跟马寅初达成和解的愿望之所以未能顺利实现，乃是因为他的求和方式就像一篇马马虎虎的官样文章。1939年，蒋介石曾要重庆大学校长叶元龙陪同马寅初（时任重庆大学商学院院长）到总统官邸来见他，他的目的只有一个：说服马寅初顾全大局，勿与国民政府处处为难。叶元龙深知马寅初的脾气性格，不想去当面碰这个硬钉子，于是他叫侄儿去马家转达蒋介石的口谕，先行试探。马寅初果然怒形于色，一口回绝，他说："文职不去拜见军事长官。没有这个必要！见了面就要吵嘴，犯不着！再说，从前我给他讲过课，他是我的学生。学生应当来看老师，哪有老师去看学生的道理？他如果有话说，就叫他来看我！"马寅初并未把师道尊严太当回事，也并非傲岸不肯通融，而是他认为蒋介石缺乏改过图新的诚意，彼此还是免见免谈为好。

抗战后期，许多高级知识分子纷纷"左倾"左转，固然与国际大气候大环境有正关联，也与蒋介石的消极对待有直接关系。他能够容忍张奚若等"左派"学者指名道姓辱骂他，却始终未能建立适当的疏导渠道和沟通机制，化解"左派"

知识分子对国民政府愈益浓厚的敌意。比如一二·一惨案的罪魁祸首李宗黄，民愤极大，傅斯年、周炳琳、闻一多等进步教授都对他务加驱除，力主惩办，重庆政府却罔顾学界公意，不但没将李宗黄撤职，反而任命他为国防最高委员会党政考核委员会秘书长，这种做法所产生的副作用简直难以估量。应该说，军统特务和邀功将领（霍揆章之流）只会给蒋介石帮倒忙，镇压学生运动和暗杀左派人士之类的恶性事件叠加起来，适足以使国民党减分到不及格。

1940年11月24日，马寅初冒着极大的风险，在重庆经济研究社发表演讲，题目是《我们要发国难财的人拿出钱来收回膨胀的纸币》，将官方口径的"民族英雄"蒋介石嘲弄为"家族英雄"，只知"包庇他的亲戚家族，危害国家民族"，除非他能大义灭亲，否则"民族英雄"的虚名很难保住。这个指控既严厉又直接，蒋介石简直气得吐血。马寅初因言获罪，对此他已做好充分的思想准备，演讲结束前，他慷慨陈词："今天我的儿女也来了，我的讲话就算是对他们留下的一份遗嘱。为了抗战多少武人死于前方，文人在后方无所贡献，该说的话就应大胆说出来。"

这次演讲后不到半个月，国民党宪兵即悍然逮捕马寅初，他在贵州息烽集中营和江西上饶集中营饱尝了铁窗风味，直到1942年8月,马寅初才结束了这段炼狱般的折磨,在重庆歌乐山开始另一段"享受"软禁待遇的准牢狱生活,当局不许他任公职,不许他演讲,不许他发表文章。这一次,是周恩来伸出援手,帮他渡过难关,从道义和经济两方面支持马寅初。人在患难中,感情容易占据上风,马寅初也不例外,他毅然与国民党割袍断义,在一次座谈会上公开表态:"只要为了国家利益,我是一定要跟共产党走的!"四年的牢狱之灾彻底坚定了他的决心。嗣后,凡是学生游行他都不请自来,这位年过花甲的大学者总是勇敢地站在游行队伍的最前列。

1946年7月,旬日之内,西南联大教授李公朴、闻一多相继遭到暗杀,白色恐怖笼罩中国学界,马寅初仍执意去中央大学发表演讲,指名道姓痛斥蒋介石专制独裁,国民党鹰爪草菅人命,朋友们着实为他捏一把冷汗。1948年5月20日,马寅初带着铺盖行李去浙江大学演讲,预先就做好了被捕入狱的准备,相当于武将抬棺上阵。此举震动朝野,一直被人津津乐道,他的演讲题目是《旧中国经济的十大死路》,亦令人啧啧称奇。

幽默也有止境

硬骨头往往更具幽默感,这是一个有趣的现象。在现代学人中,蔡元培、鲁迅、陈独秀、胡适、钱玄同、黄侃、蒋梦麟、傅斯年、潘光旦、刘文典、闻一多、张奚若都很幽默,马寅初也不例外。

民国时期,正直的学人极端鄙视国民政府财政部长孔祥熙,此公脑满肠肥,不学无术,令人厌憎。傅斯年是著名的炮筒子,在各种公私场合他都揪住孔祥熙的腐败无能不放,马寅初对孔祥熙示以不敬则采用绵里藏针的手法,孔氏同样难以招架。

1929年9月11日,孔祥熙五十岁(虚岁)生日,马寅初收到请柬,拎了三斤挂面两斤猪肉前去赴席。寿宴上,有人投其所好(孔祥熙喜欢听笑话),要大家多讲点提神的段子。马寅初见大家礼让,他就率先"破题":"我给大家讲个小故事来助兴。从前有兄弟三人,老大叫年纪,老二叫学问,老三叫笑话。有一天,他们三人上山砍柴,天晚收工,各人的收获是:老大年纪砍了一把,老二学问一点儿也没有,老三笑话倒是砍了一担。"大家听了这个小故事,会心而不笑,都知道马寅初这是指着和尚骂秃驴,讽刺孔祥熙"年纪一把,学问全无,笑话一担"。孔祥熙当众吃瘪,却无可奈何。

1936年,马寅初任浙江省府委员、财政厅长,住在杭州。他常与儿子结伴去澡堂洗澡,搓澡工与他处熟之后,亲热地称他为马爷。马爷并不像那些阔气的官老爷,他和儿子夏天穿的背心上破了几个大洞,美其名为"快哉衫",意思是这样的破背心穿在身上更凉爽;他和儿子冬天穿的长袍上补了几个大补丁,美其名为"暖兮袍",意思是这样的旧长袍穿在身上更暖和。别人奢侈他俭朴,别人爱摆官架子他乐显平民风,到底谁更自在,谁更有名士风度?还用同场比拼吗?

1947年5月某天,上海交通大学的一名学生请马寅初去学校演讲。出门后,那名学生神色紧张地告诉马教授,身后有一个形迹可疑的人骑着摩托车尾随他们。马寅初神色泰然自若,对身边的学生说:"让他们盯牢点。爱国无罪,看他们能把我怎么样?蒋介石的牢我已经坐过了,再抓进去,我就再坐他几年就是了!你们不是也在唱'坐牢算什么,我们不害怕!放出来,还要干'吗?我在杭州的家,对面两个铺子就是特务派设的据点。我一出门,他们就要跟着忙碌一阵子。这样也好,倒锻炼了我这个老头子,让我每天也跟小孩子一样,玩儿一套兜圈子和捉迷藏的游戏,就这样多玩玩也好,我肯定能返老还童。"

有人说,马寅初身上具备文化人极少有的"江湖气",证据就是他喜欢自称"兄弟"。他在北京女子学院中学部讲演《女子之正当运动》时如此开腔,他在毛泽东面前讲话时如此开腔,他在北大学生面前作报告时也如此开腔。1951年春,马寅初对毛泽东说:"要兄弟把北大办成第一流学府,主席您就得支持我的工作。"毛泽东闻言莞尔,亲切地问道:"马老,您要怎样的支持呢?"马寅初的要求说高不高,说低也不低:"不要别的,只希望主席能批准:兄弟点名邀请谁到北大演讲,就请不要拒绝。"毛泽东正在兴头上,立刻照单全收,"这个好办,我批准了",他还风趣地补充道,"马老,我给你这把尚方宝剑"。然而马寅初兄弟的面子再大,后来他也没能请动毛泽东去北大参加任何活动。实际上,1949年后,毛泽东就再未踏入过北大校园一步,也许是他早年在北大图书馆当小职员的经历并不愉快的缘故吧。

1951年6月1日,马寅初前往北大履新,就职典礼在民主广场举行,是个大场面,马寅初致辞时,故态复萌,他说:"兄弟既受政府任命,我就依照政府意旨做事,希望大家互相学习,互相帮助,努力完成我们的任务。"这"兄弟"二字火热滚烫,出乎至诚。一下子就拉近了校长和学生之间的距离。

马寅初主理北大,乍看去,是众望所归,但也并非没有异议。当时,化学系教授傅鹰就认为马寅初的学问不够服众,而且涉足政治太深。马寅初并不烦恼,他毫不谦虚地摆起老资格来:"五四时期我就是北大的教务长,现在还不能当校长?"此言一出,万喙息响。马寅初肩上的担子并不轻松,他的头号急务就是配合共产党对知识分子进行思想改造,政务院总理周恩来亲自领导这项工作,可见其重要性。马寅初本人脑筋急转弯是毫无问题的,但北大那些学贯中西的名教授就未必个个想得通。法学教授周炳琳就很难过关,马寅初亲自登门示范,挖空心思帮助他。有一次,他灵机一动,站在室内的台阶上,做出跃跃欲跳的动作,对周炳琳说:"只要下决心改造,就如同这一跳,转眼间就能改造过来。"思想改造运动为期一年,不少海内外知名学者都在这场运动中自砸金字招牌,自拆莫须有的烂污。1951年10月底以后的《人民日报》,成了诸多名家"凤凰涅槃"的火场,那些检讨文章不仅标题大同小异,内容也如出一手,自我谴责、自我贬损、自我折辱的言词寓目皆是,蔚为大观。马寅初的积极表现得到了领袖的肯定,在这段蜜月期,他真有无往而不利的感觉。马寅初心目中的新北大该是什么样子?他没有具体描绘过,偶尔谈及也是语焉不详,他坦承自己没有"建校方针",

一切唯党中央的马首是瞻，这样轮廓模糊的新北大自然与蔡元培主校时期目标明确的老北大相去万里。有人评论，马寅初是一个有良知的学者，却不是一个有良能的校长，此论应属持平。但考虑到当年的政治形势，换上谁去当北大校长，也不可能打上自家鲜明的烙印，毕竟形势强于人，改造思想的洗脑机一旦开动，就鲜有例外漏脱，这才堪称人间奇迹。

早在耶鲁大学就读时，马寅初就已学会游泳（耶鲁的必修课），还养成了洗冷水澡的习惯，此后半个多世纪他一直坚持不懈，锻炼出强健的体质。1958年，马寅初的《新人口论》遭到一些御用文人集中火力的点名批判，有位朋友对这种逢迎权贵、罔顾学理的做法怒了，为他抱不平："你提出的逆耳忠言，竟有人泼冷水。"马寅初倒是乐了，他的话很逗："我是最不怕冷水的，近五十年来，我洗惯了冷水澡，天天洗，一日洗两次，春夏不分。因此冷水对我来说非但无害，反而有益。"说到马寅初洗冷水澡，还有一件趣事，他曾将自己的经验之谈写成文章，交给北大学报发表，孰料学报主编、北大历史系主任翦伯赞不肯签发，理由是：这种经验之谈不算学问，很难与北大学报的水准相匹配。马寅初碰了个硬钉子，也不用权压服，而要以理说服，他认为，自己的经验之谈源自实践，其显效又反复为实践所检验，这难道还不算学问吗？翦伯赞在校务会议上常打瞌睡，他以此为例，指为"不锻炼身体之过"。老辈学人如赤子，如此较真，更增可爱。

马寅初的幽默并非无往而不利，他也曾有过"失口"的时候。某日，马寅初跟毛泽东讨论人口问题，领袖只认一个理："人多力量大"，"众人拾柴火焰高"，这个红利怎么可以轻易刨掉？高祖问马寅初中国人口为何增长得这么快，后者化繁为简，将中国人口激增归咎于农村晚上没有电，这话虽幽默，却令高祖很不满，他揶揄道："你马寅初生了七个子女，是不是你家晚上也没有电啊？"马寅初当即闹了个大红脸，无词以辩。极力主张节制生育的人自己却儿女成行（共有七个子女），这确实有点说不过去。

胡适在1922年8月10日的日记中涉及马寅初的私生活，有这样一句："寅初身体很强，每夜必洗一个冷水浴，每夜必近女色，故一个妇人不够用，今有一妻一妾。"言语之间并无褒贬。在当年学贯中西的名教授中，像马寅初这样安享"齐人之福"的确实罕见，找不出几个来。

单身匹马出列应战

马寅初与毛泽东、周恩来渊源甚深，以往他拼着一条老命抨击过蒋介石和国民党政权，在很大程度上帮助过共产党，这是他雄厚的政治本钱。除此之外，马寅初还凭仗不俗的学术成就名重中外。建国之初，其声誉之隆和地位之高一度与死后的鲁迅齐肩，这并不奇怪。由于感恩戴德和建设新中国的热望和激情鼓荡所致，马寅初真心想要帮忙（而不是帮倒忙），与那位在大跃进时期逢迎圣旨、精算出亩产二十万斤仍符合自然规律的钱姓科学家倒是不同（后者助长了浮夸风，造成饿殍遍国中的恶果），因此马寅初的学术研究一旦切入实际，就不可能处处吻合官方卯榫，难免与政治发生火星四溅的摩擦。

1953年，在全国范围内进行了第一次人口普查。短短几年时间，全国人口即由4.7亿骤升至6亿有余，对于这个数字的显著变化，别人没有什么复杂的感觉，马寅初却产生了很大的忧虑。嗣后一年间，他接连三次前往浙江农村考察调研，深感人口的快速增长弊大于利，如果不在全国范围内及时采取节制生育的刚性措施，人口红利就会掉头走向它的反面。

1955年，在第一届全国人民代表大会第二次会议浙江小组代表会上，马寅初首次公开强调了控制人口的紧迫性。两年后，在最高国务会议上，他重申前议，提交更为系统和完备的"新人口论"。马寅初将几年来调查研究的结果公之于众，他忧心忡忡地说:"解放后,各方面的条件都好起来,人口的增长比过去也加快了。近几年,人口增长率已达到30‰,可能还要高,照这样发展下去,50年后,中国就是26亿人口,相当于现在世界人口的总和。"一个古老的农业大国人口基数快速增长,造成的负面影响将难以估量。全世界7%的耕地,要养活25%的人口,已经地尽其利,就算科学耕种,可以挖掘的潜力也终归有限。何况中国的耕地并未达到世界平均水平,人口却超标许多。由此衍生的其他社会问题将变得更加复杂,日益严峻。

在中国,最早提倡节制生育的是北京大学哲学系教授张竞生,早在20世纪20年代,他就以研究性学著称于世,人称"性博士",由于他的言行超逾常轨,他提出的"美的人生观"(其中就包括"节育"的主张)被"多子多福"思想沦骨浃髓的传统社会视为"文妖"和洪水猛兽。当然,马寅初的主张有扎实的学理支持,更能站稳脚跟,他的名望和地位也决定了他的《新人口论》更具影响力和穿透力。他认为,既然社会主义实行的是计划经济,那么计划生育也符合这个大逻辑大方向。马寅初是成色十足的经济学家,但在现实的政治斗争方面他毕竟只是门外汉。

晚婚和节制生育能够提高民众的生活水平,辅之以相对完备的义务教育，还能提高人口素质，如此一举两得，何乐而不为？如果中国从20世纪60年代开始实行计划生育国策，那么每对夫妇生育两胎将不成问题，人口也不会达到今天十三亿多这样的天文数字，老龄化社会将推迟到来。凡此种种，脱离那个时代的政治氛围都好考量和评说。然而，毛泽东坚信"斗争哲学"，爱搞政治运动，人口少了不好唱戏，容易冷场。何况，他常说"人定胜天"，就是洪水溃堤，也得有人跳下去堵上缺口，人丁不旺能行吗？"众人拾柴火焰高"是他喜欢的民谚，问题是：拾柴的人多，就意味着烤火的人多，吃饭的人也多，那堆"篝火"还够不够取暖，能不能管饱？毛泽东一言九鼎，谁吃了熊心豹子胆，敢逮住这个问题去深究？马寅初的《新人口论》在错误的时间面世，反右运动的海啸正拍天而来，他不可能不受到冲击。陈伯达点名批判马寅初的《新人口论》，将它视同"配合右派分子向党疯狂进攻"的利器，这个罪名可不轻。

马寅初不仅姓马，而且生于马年、马月、马日、马时，乡间谚语特别强调"五马齐全，一生非凡"。《新人口论》出版后，马寅初被人诬指为"中国的马尔萨斯"，于是土马加洋马，五马变六马。当时,英国经济学家马尔萨斯的人口论(他认为由于人口呈几何级数增长而粮食呈代数基数增长，为了避免饥荒,战争、瘟疫成为解决人口和粮食矛盾的方式,人类必须积极节育)已被中国官方批得臭不可闻,沾上这个"马"就等于沾上了莫大的晦气,足够他饱饱地喝一壶。马寅初的个性固然强悍,但这个"美名"他万万不敢拜领。他用的解招是绝招,叫"万马归宗",归哪个宗?当然是直接挂靠马克思主义名下,既保险,又安全。他一口咬定:"我这匹'马'啊,是马克思的'马'!"那些革命小将绞尽脑汁,挖空心思,最终诬谄未遂,他们太鄙陋了,都不知马克思主义理论中何处藏匿着与人口相关联的高论。马寅初就这么虚晃一枪,侥幸渡过了难关。

反右是不讲道理的,多达数百篇的批判文章散发出辛辣的政治气息,哪有一鳞半爪学理的影子?马寅初素来服膺"真理",批判的火力网折服不了他。"干嘛要一百人批评我?只要一个人能够证明我的理论是错的,就够了!"然而,舆论汹汹,凭仗的是抱团者凌人的盛气,岂有它哉。

曾有论者义正词严地批评马寅初在反右期间没有保护过一名戴右派帽子的北大学生,与以往北大校长必定保护北大学生的传统相乖悖。泥菩萨过河,自身难保,是一方面,还有另一方面,他有自己不得不打的"仗",不容分心。实际上,身为北大校长,是要讲气场的,马寅初比蔡元培、蒋梦麟、胡适的气场差得远，这也是不争的事实。

马寅初既认真，又天真，他要求晋见毛泽东、刘少奇、周恩来三人中的一人，当面交换意见。他的要求被断然拒绝了。上面也并非毫无反应，毛泽东就派人放出话来："马寅初先生不服输，不投降，可以继续写文章，向我们作战嘛！他是个很好的反面教员嘛！"马寅初何其有幸，古稀之龄竟接到领袖亲下的战书，他的意志并未软弱，"为了国家和真理，我不怕孤立，不怕批斗，不怕冷水浇，不怕油锅炸，不怕撤职坐牢，更不怕死……无论在什么情况下，我都要坚持我的人口理论"。

面对千夫指戳、万人唾骂，马寅初在《重述我的请求》中公开表态："这个挑战是很合理的，我当敬谨拜受。我虽年近八十，明知寡不敌众，自当单身匹马，出来应战，直至战死为止，绝不向专以力压服、不以理说服的那种批判者们投降。因为我对我的理论有相当把握，不能不坚持，学术的尊严不能不维护，只能拒绝检讨。"毛泽东看了《重述我的请求》，怒从心头起，他向秘书口授了这样一段批示："马寅初向我们下战表，堪称孤胆英雄，独树一帜，也可以说是茅坑里的石头，又臭又硬。马尔萨斯姓马，他也姓马，有人要捍卫他的外国祖先到底，有什么办法？看来，马寅初不愿自己下马,我们只好采取组织措施,请他下马了。理论批判从严,生活给予出路,此事不可手软。"

最出人意料的是,马寅初在铁桶般的包围圈中居然还以一贯的幽默感回应那些嘴尖皮厚腹中空的论敌:"有的文章,说过去批判我的人已经把我驳得'体无完肤'了,既然是'体无完肤',目的已经达到,现在何必再驳呢?但在我看来,不但没有驳得'体无完肤',反而驳得'心广体胖'了。"

在战国时期,不少人夸赞孟轲雄辩无敌,孟轲却大吐苦水:"予岂好辩哉,予不得已也。"马寅初好辩好争,同样是迫不得已,因为坚持真理的人总是有进无退,有死无让。

1960年,马寅初上书慷慨直陈己见:学习毛泽东著作要防止个人崇拜。这岂不是批龙麟捋虎须吗?能有什么好果子吃?"反党反社会主义"的罪名可不是常人的肩膀能扛得起的。大学里弥漫着批判的硝烟,"马寅初不投降,就叫他灭亡"的口号叫得震天价响。当马寅初失去申辩的权利后,北大校长一职在他的心目中已无足轻重,明智的选择就是向教育部辞职。嗣后,马寅初在家闲耽不住,就回到故乡浙江嵊县,调查人口现状。有一天,他忧形于色,对女儿说:"我已是八十开外的人了,……我叹息我的观点、我的主张明明是真理,却不能为世人所接受。那是关系到我们国家和民族兴旺的大事呀！个人受批判，罢官免职算得什么？要紧的是不能无视我国人口盲目地增长，否则那就是留给我们子孙后代的一大难题了。"

"文革"伊始，玉石俱焚。马寅初积数年之力撰写的《农书》，初稿长达近百万字，放置家中，无异于定时炸弹。革命小将比猎犬的嗅觉还灵，他们到处抄家，翻箱倒柜，搜猎"四旧"（旧思想、旧文化、旧风俗、旧习惯的合称）孑遗。马寅初的家人从安全起见，将《农书》扔进炉膛，付之一炬。

"错批一人，中国误增了数亿人。"胡耀邦的这句评语倒是值得商榷。所谓"误增了数亿人"，主因固然是错批了马寅初，但还有其他辅因。人口的增长其实涉及诸多要素，比如文化观念、经济水平、社会保障等等。中国人"多子多福"的想法根深蒂固，儒家文化强调"不孝有三，无后为大"和"养儿防老，积谷防饥"，经济落后和战乱频仍更加固化了这些想法，两千多年都没有任何改变。反观欧美国家，它们并未强制推行过计划生育的政策，人口增长却一直缓慢平稳，从二十世纪晚期开始，竟出现了令人担忧的人口负增长，政府鼓励生育往往收效甚微。最具说服力的首推美利坚合众国，它的国土总面积比中国略大，人口总数至今也只有三亿一千万人，考虑到美利坚合众国是一个典型的移民国家，从未实行过计划生育,这个人口总数实在是太过靓丽了,有点不可思议。

节制生育、控制人口是中国政府理性的选择,而这个选择不可能在那个反理性的"以阶级斗争为纲"的时代作出。就算当年毛泽东"饶恕"马寅初,计划生育的政策也不可能颁行。耐人寻味的是,同一时段,另一位北大老校长蒋梦麟在台湾宣传节制生育,同样处处碰壁,遭到恶语诟骂和人身威胁,这就充分说明:在一个反理性的时代,观念之战的胜方总是属于狂热的"卫道者"。

"假如马寅初的建议当年被毛泽东欣然采纳"与"假如文化大革命压根就没有发生过"一样,都是毫无意义的伪假设。我们只能以复杂的心情钦佩马寅初对中国人口压力位的精准预测。计划生育政策推迟实行二十多年,其直接后果是人口翻了一番,一对夫妇只能生育一胎,由此带来的负面效应(老龄化社会提前到来,人口红利递减,啃老族人数激增,用工之难加剧,失子之痛难消等)则日益彰显。

马寅初活够了整整一个世纪,有人说,他长寿的秘诀在于心态平衡,用一副联语可以概括,"宠辱不惊,闲看庭前花开花落;去留无意,漫观天外云卷云舒"。其实,事情远没有这么简单容易。马寅初饱经政治磨难,吃尽各种各样的苦头,晚年病足,直肠癌更是紧锁命关,病魔窥伺于卧榻之侧,死神逡巡于昼夜之间,如此忧患缠身,谁还能够淡定?他的过人之处在于尽心之后能够释然于怀,在于苦中作乐的本领相当高超,在于热爱生命的激情至死犹未枯竭(瘫痪前日行千步,坚持洗冷水澡,瘫痪后仍天天做上肢运动)。那副联语未免太轻松太潇洒太空泛,也太名士气了。马寅初的学术良知和对国计民生的独特贡献早已得到举世公认,应该说,他持之有故,行之不悔,一生捍卫真理(其间容有偏向),不失刚强正直的士人品格,倘若没有这样坚忍不拔的精神根柢,他早就屈从于汹汹人言,将《新人口论》修改得面目全非了。

傅斯年
国士无双

"傅大炮"也曾感叹:"人家说的话,我一句都不同意。我说的话,人家也未必同意一句,所以只好当哑巴。"

同时代人撰写的回忆文章，水分足，可靠性务必多打折扣。那些名满天下、谤亦随之、众议猬集、褒贬不一的人物，则尤其如此。至于因由，不难推究：友人着墨则不吝溢美之词，仇家弄笔则暗藏报复之意，前者为蜜糕，后者为毒药。明眼人当然能够识别其货色如何。那些不知就里的读者呢？肯定满头雾水，莫名其妙。

20世纪50年代初，周作人在上海的《亦报》上发表方块文字，恶攻傅斯年（1896—1950）的计有两篇：一篇是《新潮的泡沫》，另一篇是《傅斯年》。知堂老人向来以为文平和冲淡著称于世，由于"汉奸"烙印黥在额头，难以洗脱，亟需捞到一把救命稻草，若能既释旧谴，又报私怨，则一事两便，何乐不为？傅斯年无疑是周作人眼中最合适的标靶。在《新潮的泡沫》一文中，周作人骂罗家伦是"真小人"，是蒋二秃子（蒋介石）的"帮闲"，骂傅斯年是"伪君子"，是蒋二秃子的"帮凶"。周作人笔下的傅斯年是这样的："傅是个外强中干的人，个子很大，胆则甚小，又怕别人看出他怯懦卑劣的心事，表面上故意相反地显示得大胆，动不动就叫嚣，人家叫他'傅大炮'，这正中了他的诡计。"在周作人看来，傅斯年出任台湾大学校长，并非凭靠自己的实力，而是"因为陈诚是他的至亲"。周作人还臆测，傅斯年在台湾决无坚留之意，随时准备逃之夭夭。《傅斯年》一文不足五百字，从中不难看出，周作人的情绪异常饱满，原因只有一个：傅大胖子死了，他格外开心。他搬出两三桩旧事来，用意无非是要贬低傅斯年。《时事新报》反对新文化运动，曾刊出沈泊尘的两幅漫画，"第一张画出一个侉相的傅斯年从屋里扔出孔子的牌位来，第二张则是正捧着一个木牌走进去，上书易卜生夫子之神位。鲁迅看了大不以为然，以后对于《学灯》就一直很有意见"。周作人的意思很明白，鲁迅一度欣赏过傅斯年，他却从来就看不起这位一副侉相的傅大胖子。周作人还揭发了傅斯年的一桩"阴事"：傅斯年留学德国时经常在好友毛子水面前大骂秋水轩一派的文笔，可是他的枕头下却暗藏着一本《秋水轩尺牍》，关起门来偷着学，这叫哪门子事呢？

周作人受日籍妻子羽太信子挑唆，为家庭细故与长兄失和，独占八道湾十一号宅院。鲁迅以"昏"字总结其为人。

周作人早年能做到不投机捧胡适，晚年也能做到不从众骂胡适，认为"交道应当如此"，确实不错。但胡适的弟子傅斯年是个特殊的例外，他褫夺了周作人的北大教职，乃是不共戴天的仇家。私怨之下，公信难存，周作人的这两篇短文就得反着方向去细看了。

1946年5月4日，西南联大解散，北大、清华、南开复原。此前，胡适已被当局委任为北大校长。由于他在驻美大使任上不胜繁剧，患上心脏病，不宜亟归就职，因此迟至1946年6月5日他才从纽约乘船，回国履新。胡适的北大校长一职是傅斯年极力推举的，胡适在国外养病期间，傅斯年代行其职，代负其责，他痛下辣手，为好脾气的胡适做了一番彻底的"大扫除"。傅斯年富于爱国情愫，疾恶如仇，眼睛里容不得沙子，对于文化汉奸不假辞色，一言以蔽之："我是傅青主的后代，我同汉奸势不两立！"考古学者、金文专家容庚曾在"伪北大"任职，战后去重庆活动，专程拜访傅斯年。傅斯年见到容氏，瞋目欲裂，搥案大骂，声震屋瓦："你这民族败类，无耻汉奸，快滚！不用见我！"傅斯年做得过分的是痛骂伪北大的学生为"伪学生"，因此引起一些人的强烈反弹，南宫博即曾撰文《先生，学生不伪！》，与傅斯年较劲。傅斯年以贯虹吞日的气概视之蔑如，决心将那些堕落为汉奸的伪北大教授悉数扫地出门，甚至向河北高等法院控告伪北大校长鲍鉴清附敌有据，应以汉奸罪论处。胡适主张宽容，主张对伪北大的落水教授网开一面，傅斯年却誓称："决不为北大留此劣！"周作人出任过伪南京国民政府委员、伪华北政务委员会常务委员兼教育总署督办，远比容庚的性质要严重，自然难以漏过傅斯年的大义之筛。这是周作人特别衔恨傅斯年的地方，可他失足是真，失节是实（就算别有隐因，也难以摆上桌面），不便明言，就用最拿手的方块文章恶攻一气，泄愤或许有助，立论就站不住脚。

世间最赏识傅斯年，最理解傅斯年，最珍惜傅斯年的，无疑是胡适，他们谊兼师友，相知极深。1952年12月20日，胡适痛定思痛，在"傅孟真先生逝世两周年纪念会"上发表重要讲话，他引用了自己为傅斯年遗著所写的序言，这番评价足以见出他对好友的激赏和对这位优秀学者英年早逝的痛心：

> 孟真是人间一个最难得最稀有的天才。他的记忆力最强，同时理解力和判断力也最强。他能够做最细密的绣花针功夫，他又有最大胆的大刀阔斧本领。他是最能做学问的人，同时又是最能办事又最有组织才干的天生

领袖人物。他集中人世许多难得的才性于一身。有人说他的感情很浓烈,但认识他较久的人就知道孟真并不是脾气暴躁的人,而是感情最热,往往带有爆炸性,同时又是最温柔最富于理智的人。像这样的人,不但在一个国家内不容易多得,就是在世界上也不容易发现有很多的。

我细数了一下,在以上短短二百字中,竟含有十一个"最"字。相比之下,毛泽东在《新民主主义论》中用相同篇幅向鲁迅致敬,充其量也只用了九个"最"字,就堪称极其隆重的礼遇了。胡适向来重视人才,爱惜人才,他对同时代的作家和学者多有推许,但如此密集地使用"最"字,尚属首次。这是纯粹的谀墓之词吗?健全的理性并不允许胡适溢美,他更不会把私谊掺杂进来,减弱自己的说服力。这只表明一点:胡适确实把傅斯年视为人间顶难得的天才。在这篇讲话中,胡适强调指出:"我总感觉,能够继续他的路子做学问的人,在朋友当中也有;能够继续他某一方面工作的人,在朋友中也有;但是像他这样一个到处成为道义力量的人还没有。所以他的去世,是我们最大的损失。在他过世两周年的时候使我感到最伤痛的,也是这一点;这是没有法子弥补的。"

天才的出缺，比老叟的牙坑更难填充，后者可用义齿取而代之，前者呢？一旦瞑逝，则犹如某个珍稀物种的消亡，世人徒呼负负（fù fù，对不起），于事无补。

出头椽子

有人说：傅斯年生性好斗，喜欢出风头，甘愿做出头的椽子。这个说法不算胡诌。

1917年，傅斯年在北大干过一桩自鸣得意的事情。北大有个同学脑满肠肥，长成一副小官僚的面孔，做些上不了台面的事情，有人拟了一张"讨伐"的告示贴在西斋的墙壁上。恰巧傅斯年也厌恶此君，看他不甚顺眼，于是即兴撰写匿名揭帖去响应，表面上替此君鸣不平，实则极尽讽刺挖苦之能事。傅斯年的匿名揭帖为北大读者所激赏，在上面密点浓圈，评语愈出愈奇，一时间北大校园内皆以此为谈资。不久，蔡元培在大会上演说，提起这件事，对诸生匿名"讨伐"某君的做法颇有微词，他说："诸位在墙壁上攻击自己的同学，不合做人的道理。诸君若对他不满，出于同学之谊，应该规劝。如果规劝无效，尽可告知学校当局。这样的做法才是正当的。至于匿名揭帖，大肆挞伐，受之者纵然有过，也不易改悔，而施之者则为丧失品性之开端。凡做此事者，今后都要痛改前非，否则这种行为必致品性沉沦。"受到蔡先生一番劈头盖脸的教训，傅斯年深感内疚。以往，他对《大学》中的"正心"、"诚意"、"不欺暗室"早已背诵如流，滚瓜烂熟，却如和尚念经，浑然不解其义理，眼下受到蔡元培先生的当头棒喝，方始大彻大悟。从此以后，傅斯年做任何事情，都决不匿名，决不推卸自己的责任。

当年，北大教授讲课甚为散漫泄沓，沈士远在北大预科教国文，一篇《庄子·天下》，他可以由秋至冬讲上一学期，仍没把庄子的"天下"打下来，弄得学生腻歪不已，曲肱而梦周公，沈士远因此得诨名"沈天下"。陈介石主讲中国哲学史，他从伏羲讲到周公也需要一个学期，这种"乌龟节奏"，傅斯年的学长冯友兰即亲身领教过。曾有人询问陈教授："照您这样讲，什么时候才可以讲完？"后者的回答很有点禅趣："哲学无所谓讲完不讲完。若要讲完，一句就可以讲完。若要讲不完，永远讲不完。"他不通逻辑，将哲学和哲学史混为一谈，着实令人啼笑皆非。

胡适留学归来，才不过二十六七岁，执教于北大哲学系，专讲中国哲学史，自恃金刚钻，包揽瓷器活。他异常大胆，一刀割断商朝的联系，将中国哲学史的座标下移至西周末年。

学生们都说胡适的做法简直是"造反",此人根本不配教授这门功课,最好是把他轰下讲台,赶出校门。私底下起哄归起哄,真要拿主意,个个面有难色,于是有机灵鬼出谋划策:"不妨请傅斯年去听听胡适讲课,他的国学根柢,他的判断力,大家全都信服,唯其马首是瞻,不会有错。"傅斯年果然不辱使命,听过胡适的中国哲学史课后,他颇为赞可,对那些心怀不忿的学友说:"这个人书虽然读书不多,但他走的这一条路是对的。你们不能闹。"一场引弦待发的逐师风波遂偃旗息鼓。胡适曾谦虚地说,他初进北大做教授时,常常提心吊胆,加倍用功,因为他发现傅斯年、顾颉刚等学生的学问比他强。傅斯年终身服膺胡适,捍卫胡适,甘心成为胡适的护城河。胡适开过这样的玩笑:"若有人攻击我,孟真一定挺身出来替我辩护。他常说:'你们不配骂适之先生!'意思是说,只有他自己配骂我。"抗战期间,傅斯年在四川李庄史语所的驻地对众人宣称:"人说我是胡先生的打手,不对。我是胡先生的斗士!"在孔子门下,子路是刚猛无比的大护法。在胡适门下,傅斯年无疑是保驾护航的头号勇士。

然而,并非每个教授都有胡适这样幸运,难入傅斯年法眼的仍不乏其人。章太炎的及门弟子朱蓬仙开《文心雕龙》课,非其所长,讲台下的那些学生可不是善与之辈,他们的学问根基原本就非常扎实，何况虎视眈眈，专等朱蓬仙送错上门。傅斯年等人做出一个大胆的决定：全班学生联名举发这些舛误，上书蔡元培校长，请求补救。此事要做就要做到万无一失，不可出丝毫纰漏。傅斯年认真研读朱蓬仙的讲义，逮获三十多处硬伤。蔡元培先生接到学生的联名信，感觉此事有些古怪，是不是教授之间暗加攻讦，借由学生之手代为操作呢？此例一开，此风一长，学校将永无宁日。于是，蔡先生决定当面缴获答案。大家听闻校长要召见签名的学生，都不免惴惴然忐忑不安，一方面害怕蔡先生出题来考，另一方面则担心傅斯年一人肩负的责任太重，于是有能力的学生每人分配几条，各自弄明白了子丑寅卯，方才去校长办公室见真章。他们的预计丝毫不差，应验如神，蔡元培先生学问好，面试毫不含糊。所幸大家有备而来，应答如合卯榫。考完之后，蔡先生不作声，诸位学生也不吱声，大家鞠个躬，从校长办公室鱼贯而出。在返回宿舍的路上，实在憋不住了，个个扬眉吐气，捧腹大笑。事情的结局可想而知，这门功课重新调整，朱蓬仙歇菜回家。

早在北大中文系读本科时，傅斯年的天纵之才即为师兄师弟极力推崇，甚至有人称赞这位山东才俊是"孔子以后第一人"、"黄河流域的第一才子"。平日，甲问乙是中文系哪班，若乙回答他是傅斯年那班,彼此肯定会心一笑,既可说是欢笑,也可说是苦笑,因为这宗便利的代价太高,说是倒霉才对,有傅斯年这块重型"钢板"狠狠地"压"着,别人休想翻身。后来,傅斯年到欧洲留学,俞大维自诩是触手成春的学者,竟也赶忙弃学文史而改择理科,他说:"搞文史的人当中出了个傅胖子,我们就永无出头之日了!"由此可见傅斯年有多牛。

名师的绝学端赖高徒薪火传承,傅斯年的国学根柢颇得北大名师的颔首赞许,国学大家刘师培、黄侃等人都曾抱着老儒传经的热望,期待傅斯年能够继承仪征学统或太炎学派的衣钵。傅斯年本可徘徊歧路,顾后瞻前,但他具备现代头脑,乐意扛着科学精神和人文精神的大旗入于更广袤的学问之野。

1918年,傅斯年、罗家伦等北大高材生组织新潮社,编辑《新潮》月刊,由于经费上吃紧,决定争取校方的支持。陈独秀是北大文科学长,对《新潮》的面世乐观其成,他很想看到一家真正由青年学生创办的青年刊物来声援《新青年》,多一支新文化运动的偏师,就多一股进步的势力。但他怀疑傅斯年潜心国学,被黄侃视为高足弟子,可能是来探营的间谍。及至陈独秀读过傅斯年发表的《文学革新申义》

一文后，这番疑虑才烟消云散。据周作人1918年10月21日的日记所载，傅斯年已进入《新青年》的编委阵营，而且是十二人中最少年。蔡元培校长主张兼容并包，学术自由，对北大的新生事物异常宽容，校方同意为《新潮》垫付印刷费，并且代为发行。新潮社吸纳了当时北大文科学生中不少优秀分子，除了发起人傅斯年、罗家伦二位，还有毛子水、顾颉刚、冯友兰、俞平伯、朱自清、康白情、江绍原、李小峰、张申府、高君宇、谭平山、何思源等四十余人。这些成员绝非庸碌之辈，后来，他们在学术界内或学术界外几乎个个都有不小的名头和成就。《新潮》的政治色彩不如《新青年》那么浓烈，但主张民主自由，民族自决，男女平等，以科学的方法和哲学的态度重新评估传统文化，反对中世纪主义，二者的大方向始终是一致的。

《新潮》一纸风行，傅斯年、罗家伦等人杰才高智，挥笔成文，"好像公孙大娘舞剑似的，光芒四照"（蒋梦麟语）。傅斯年公开发表了不少高论，多数观点趋于极端，比如："吾国数千年来，所有学术，为阴阳学术；所有文学，为偈咒文学。若非去此谬误，自与西洋文明扞格不入。"将中国传统文化这样简单归类，大加贬损，显然失之粗暴了。然而当时陈独秀、胡适、钱玄同等新文化大将都喜欢这么干，青年人也普遍觉得,持平之论不过瘾,只有讲过头话写过头文章才算痛快淋漓,于是乎不走极端就不算革命,成为了《新潮》作者的共识。傅斯年等北大学生的文章惊动了校内外不少读者,有位遗老气虎虎地拿着《新潮》杂志去向总统徐世昌告状,徐氏非常反感这些锋芒毕露的激烈言论,便给教育总长傅增湘施加压力,傅增湘则向北大校长蔡元培点出陈独秀、胡适、傅斯年、罗家伦四人,要他特加惩戒。因此顽固的保守派将陈、胡、傅、罗贬称为"四凶",甚至说官方有意将他们从北大除名。传闻若此,动静全无。这也说明《新潮》不是什么甜汤和温吞水。论影响力,它与《新青年》分庭抗礼,北大守旧派创办的《国民》、《国故》二刊根本无法望其项背。

在中国现代史上,五四运动无疑搭造了一座灯火璀璨的大舞台,许多人因为这一时期的精彩演出(哪怕只是跑过一圈龙套,当过半回票友)而身价百倍。"五四青年"是一项经久耐用的荣誉,"五四健将"呢?则更是一道衬托威仪的光环,蔡元培先生曾打趣"吃五四饭"比一般意义上的吃老本更使人受用无穷。这就难怪了,某些生活在那个时代并不靠谱的人竟然削尖脑袋,殚精竭力朝"五四"靠拢;某些号称"革命家"的人也未能免俗。

1919年4月底,北京政府的外交代表在巴黎和会(第一次世界大战结束后协约国的分赃会议）上的交涉宣告失败。1919年5月2日，林长民在北京《晨报》发表《外交警报敬告国民》，透露了更加令人震惊的内幕消息，和会之所以拒绝中国代表提出的公正解决山东问题的要求，是由于心怀鬼胎的卖国贼欣然同意换文。内奸究竟是谁？亲日派的章宗祥（中国驻日公使）、曹汝霖（交通总长兼交通银行总理）、陆宗舆（币制改革局总裁、中日合办的汇业银行的华方董事长）乃为众目所视，众手所指。北京学生组织原计划于5月7日举行国耻日集会游行，因此提前到5月4日，军阀横行引起民愤，强权政治招致国耻，学生要公开表示抗议。傅斯年参加了群情激奋的发难大会，被推选为二十名代表之一。罗家伦即兴起草的传单《北京学界全体宣言》令人血沸，颇具煽动力："……今与全国同胞立两条信条道：中国的土地可以征服不可以断送！中国的人民可以杀戮不可以低头！国亡了，同胞起来呀！"5月4日那天下午，天安门前，旗帜摇摇，人头攒攒，北京十三所学校三千多名学生的集会游行堪称史无前例，游行示威的总指挥是傅斯年。北大队伍前列，学生举着"还我青岛"的血字衣（谢绍敏咬破手指写的），打出白布对联，"卖国求荣，早知曹瞒遗种碑无字；倾心媚外，不期章惇余孽死有头"，这副对联带有人身攻击的意味，至于曹汝霖和章宗祥的祖先是不是曹操和章惇，估计没人认真考证过。很难想象，傅斯年身广体便，指挥一支如此庞大的游行队伍，该是气喘咻咻吧，该是汗水涔涔吧？游行队伍起初秩序良好，但在东交民巷使馆区受阻后，学生的情绪开始失控，纪律也随之松弛，有人大喊："大家往外交部去，大家往曹汝霖家里去！"傅斯年虽是容易激动的人，但每临大事，理智占先，他劝导众人保持冷静，不要过激，但他的声音被巨大的声浪淹没了。此后的火烧赵家楼和群殴章宗祥，已超出了学生和平游行示威的初衷，事态迅速升级，三十二名学生锒铛入狱。当天，傅斯年去了赵家楼吗？应该是去了，罗家伦的回忆文章中是这样写的，周炳琳更是言之凿凿地说，他亲眼见到傅斯年将曹汝霖家的红绸被面撕下围在腰间，他还在一旁诘问道："你这是干什么？"傅斯年是否参与了打砸烧？则众人语焉不详。有一点倒是确定无疑：在众人实施无羁的暴力之后，傅斯年及时撤离了乱腾腾的现场，他没有进入被捕者的名单。翌日，北大学生会召开应急会议，一位陶姓学生理智失去平衡，颇为冲动，与傅斯年意见相左，当众撕破了脸皮，由言语顶撞上升为肢体冲突。傅斯年吃了一记窝心拳，怒不可遏，向好友赌咒发誓不再参与北大学生会的工作。此后，学生运动纵深发展，形成燎原之势。在抵制日货的高潮时期，有歹人包藏祸心，蓄谋毁损傅斯年，竟放出冷箭，造出谣言，说是傅斯年接受了某烟草公司（这家公司乃中日合资）的津贴，奸人造谣中伤的动机昭然若揭。谣言止于智者，歹人的奸谋并未得逞。

回顾往昔，傅斯年在学生运动如火如荼时反而渐行渐远，真实原因是他对学问的兴趣要大过对政治的兴趣，他的领袖欲望并不强烈。有人说，在五四运动中，傅斯年的个人表现可用"虎头蛇尾"四字形容，这大致不错。在那个岔道口，傅斯年选择了另一条进取之路，考上山东的官费名额，前往英国留学。入英国伦敦大学研究院，师从史培曼（Spearman）教授研究实验心理学。五四之后，傅斯年对经历了那场学潮的学生无私地奉献了三点忠告："一、切实的求学；二、毕业后再到国外读书去；三、非到三十岁不在社会服务。中国越混沌，我们越要有力学的耐心。"胡适认为五四运动是对新文化运动的"政治干扰"，傅斯年也有同感和共识。

傅斯年投考官费留学生时，遭遇波折，尽管他的成绩出类拔萃，但险些被刷落榜下。原因很简单，观念顽固保守的试官对这位五四健将和新潮主脑抱有成见，"他是激烈分子，不是循规蹈矩的学生"，这个理由似乎足够充分了。所幸陈豫先生为傅斯年攘臂力争："成绩这么优秀的学生，尚且不让他留学,山东还办什么教育!"此言掷地有声,无可辩驳。傅斯年才总算逾越了一道无形的险隘。

当时的风气,参与新文化运动的青年知识分子多数对自然科学颇为着迷,颇为倾倒,他们急欲寻求西方的科学方法,回头梳理东方文化。傅斯年除了自己的专业,还钻研化学和数学,修习地质学,因此被好友毛子水打趣为"博而寡约"、"劳而无功",罗家伦则调侃傅斯年是"把伏尔泰的精神装在塞缪尔·约翰生的躯壳里面"。约翰生博士是英国18世纪最博学最风趣的文人,独力编纂一部完备的《英语词典》,享誉大英帝国。约翰生博士是一个大胖子,傅斯年也是一个大胖子,罗家伦的比拟不算失伦。傅斯年不以为侮,反以为豪,他拍打自己的将军肚,如同拍打得胜鼓,顾盼自雄。

20世纪20年代,在欧陆留学和游学的中国学者不乏天才横溢的精英,有蔡元培、陈寅恪、赵元任、俞大维、傅斯年、金岳霖、毛子水、徐志摩等,他们博而能约,广而能精。最难得的是,他们常常在柏林雅聚,各抒妙谛,切磋琢磨,互通声气。

与陈寅恪一样,傅斯年也是典型的"游学主义者",欧洲名校的博士文凭光鲜之极,他却是绝缘体,根本不来"电"。傅斯年辗转于英国和德国的多所大学,选修了一些与他的研究方向风马牛不相及的专业,哪里有他心仪的著名学者,他就去寻踪听课。在德国柏林大学,傅斯年亲耳聆听过爱因斯坦的相对论,在当年,中国学者有此殊荣殊幸的,屈指可数。

宁为玉碎,不为瓦全

抗战期间,傅斯年为尚在童年的儿子书写文天祥的《正气歌》,嘱咐他"日习数行,期以成诵",告诫他"做人之道,发轫于是,立基于是,若不能看破生死,则必为生死所困,所以异乎禽兽者几希矣"。

真正的知识精英往往富于民族感情,当螳螂外寇入侵时,他们会采用独特的表现方式,比如断发文身,又比如蓄须明志,傅斯年的做法是给儿子取名仁轨,这个名字当然有出处,有典故。刘仁轨是唐朝大将,驻守朝鲜,抗击日军,打过极其漂亮的歼灭战。傅斯年强烈的爱国心由此可见一斑。可惜虎父生犬子,傅仁轨未能继承父辈、祖辈的事业,他在美国学嬉皮士,荒疏学业,潦倒不堪,当然这都是后话了。

1935年,华北形势岌岌可危,日本人鼓噪"华北五省自治",也有某些畏敌如虎的中国人极其天真地主张将北平降格为"中立区",为此发起建立北平文化城运动,一时间人心惶惶，议论纷纷。恰在此敏感时期，胡适发表了附和政府妥协政策的软性言论——《保卫华北的重要》，傅斯年读罢此文，怒不可遏，大有冰炭不同炉之慨，他宣称要退出《独立评论》杂志社，与胡适割袍断义，幸得丁文江居中斡旋和调停，傅斯年才收回成命，与胡适言归于好。"吾爱吾师，吾更爱真理！"如此理解傅斯年与胡适的友谊，则庶几乎近之。胡适一直坚称傅斯年是他"最好的诤友和保护人"，实乃由衷之言。

当时，北平市长萧振瀛设宴招待教育界名流，他板起面孔，虚声恫吓，要大家看清楚形势，知所进退，还公然为敌张目，大放厥词，"在日人面前要保持沉默"，免招言祸，俨然出面为日本军国主义政府招降纳叛。当时，全场名流面面相觑，噤声无语，气氛极为凝重，唯有傅斯年愤然作色，拍案而起，当面教训萧振瀛别忘记自己是中国人，是国民政府的官员，别站错了民族立场。他宣称，当此国运悬于一线的危急时刻，身为学人，宁为玉碎，不为瓦全。这种反抗的态度和不屈的精神，赢得了众人的尊重。嗣后，一二·九学生示威运动，使得北平浑浊的空气，为之一清。当时，亲日派横行，日本特务猖獗，傅斯年当众严正表态，很可能招致血光之灾，但他正气凛然，毫不畏缩，骨气和勇气都令人钦佩。

抗战伊始，北校南迁，北大、清华、南开三校合并而为西南联合大学，定址昆明（文学院和法学院在蒙自有三个月的过渡期），宝贵的师资和财力得以集中利用。因陋就简办好一所战时的中国最高学府，这个构想最初即源出于傅斯年的灵感。此举成为了中国教育史上的一件大事。在异常艰危的境况下，西南联大培养了一大批栋梁之材，日后获得诺贝尔物理奖的美籍华裔科学家李政道、杨振宁，均是西南联大的高材生。

抗战胜利的消息传到重庆的那晚，傅斯年欣喜若狂，他从住所里寻出一瓶烈酒，到街上去手舞足蹈，如醉八仙一般脱略形骸。他用手杖挑起帽子，又像一位变戏法的魔术师，他与街头庆祝胜利的民众笑闹了许久，直到酩酊大醉，手杖和帽子全都不翼而飞。国家出了头，老百姓有了活路，这是傅斯年最畅怀最惬意的事情。

"民国第一牛人"

傅斯年卓荦豪迈，每给人以不可企及之感。真名士，始能真本色，方能真性情。傅斯年被人谑称为"傅大炮"，即形容他忍不住炮仗脾气，口快心直，放言无忌。毕竟是多年的老朋友,罗家伦看傅斯年看得够准:"孟真贫于财,而富于书,富于学,富于思想,富于感情,尤其富于一股为正气而奋斗的斗劲。"倘若傅斯年的"斗劲"欠缺钢火,他又怎能成为"民国第一牛人"?

周炳琳夫人魏璧曾说:傅斯年从欧洲归国时,决定带手枪去南方从事革命活动,他的办法是将西文精装的原版书挖出空洞,用来藏枪。那年月,安检措施并不严密,这样子就足可以蒙混过关了。可惜这只是一条孤证。国民革命军北伐胜利时,傅斯年任教于广东中山大学。有一天,他和几位同学在蔡元培先生家吃饭,大家兴致勃勃,个个都喝高了。这种场合,这种时候,傅斯年的"大炮"不鸣不响,更待何时?他信口开河地说:"我们国家整理好了,不特要灭了日本小鬼,就是西洋鬼子,也要把它赶出苏伊士运河以西,自北冰洋至南冰洋,除开印度、波斯、土耳其以外,都要'郡县之'。"在座的同学都觉得此言痛快淋漓,唯独蔡先生越听越不耐烦,他声色俱厉地教训道:"这除非你做大将!"听到蔡先生的当头棒喝,傅斯年的酒劲醒了一半,顿觉无地缝可钻。

在北大时,傅斯年与人对掐,从不害怕寡不敌众,他是山东大汉,身材魁梧,体积、力量、勇气,三者都是冠绝群伦。他的诀窍是:"我以体积乘速度,产生一种伟大的动量,足以压倒一切。"傅斯年,虎背熊腰大块头,头发蓬松如乱草,戴一副美国滑稽电影明星罗克式的玳瑁眼镜,天气稍热就满头大汗,时不时掏出洁白的手绢揩抹汗珠,这样一个人,居然要扮演好斗的骑士(东方堂吉诃德),像吗?罗家伦曾劝傅斯年不要总是像好斗的蟋蟀一样,"被人一引就鼓起翅膀",但江山易改,本性难移,傅斯年不可能把"沉默是金"这样的金科玉律当成自己的座右铭。

最逗趣的是,傅斯年与丁文江有过一段"过节"。1923年,一向倡导科学精神的丁文江与"玄学鬼"张君劢大战若干个回合,终获全胜。当时,傅斯年人在国外,却十分关注这场科学与玄学的论争,尤其欣赏丁文江的笔力和学养。过了三年,丁文江出任大军阀孙传芳治下的淞沪商埠总办,傅斯年以为自己佩服已久的这位狠角色竟然堕落成为官场蛀虫了,感到极为失望。在巴黎,傅斯年向胡适连说三遍,回国后第一件事就是杀掉丁文江。1929年,傅斯年回国,经由胡适介绍,结识丁文江。胡适用玩笑的口吻打趣傅斯年:"现在丁文江就在你身旁,你干吗不杀他?"此前,傅斯年已了解丁文江当年出任淞沪商埠总办的苦心是为了做一回改革旧上海的试验,还哪有一点敌意和恨意?他尴尬一笑,抱怨胡适旧话重提,是故意恶作剧。胡适对傅斯年说:"在君(丁文江字在君)

必高兴,他能将你这个'杀人犯'变作朋友,岂不可以自豪?"此后,他们三人成为了声气相求、情同手足的好朋友。

20世纪上半叶,国内以西方科学精神武装头脑的知识分子十有八九反感中医,鲁迅是一个典型,傅斯年也是一个典型。傅斯年认为,英国医学博士哈维发现血液循环已经三百余年,中医居然还把人体分为上焦、中焦、下焦三段,这简直是对于人类知识的侮辱和蔑视。由于傅斯年专修过实验心理学,同时涉猎过生理学和生物化学,他撰文批判中医时,不仅立论站得住脚,精确打击中医的命穴和要害,也是弹无虚发。那些欲将中医顶礼膜拜至国医地位的人,对傅斯年自然是恨得牙龈痒痒的。

1934年8月5日,傅斯年在《大公报》发表评论《所谓国医》,他笃定一副恨铁不成钢的语气,开篇即危言耸听,自揭家丑:"中国现在最可耻最可恨最可使人短气的事,不是匪患,不是外患,而应是所谓西医中医之争。……只有中医西医之争,真把中国人的劣根性暴露得无所不至!以开了四十年学校的结果,中医还成问题!受了新式的教育的人,还在那里听中医的五行六气等等胡说!自命为提倡近代化的人,还在那里以政治的或社会的力量作中医的护法者!这岂不是明显表示中国人的脑筋仿佛根本有问题?对于自己的身体与性命,还没有明了的见解与信心,何况其他。对于关系国民生命的大问题还在那里妄逞意气,不分是非,何况其他。对于极容易分辨的科学常识还在混沌的状态中,何况较复杂的事。到今天还在那里争着中医西医,岂不是使全世界人觉得中国人另是人类之一种,办了四十年的学校不能脱离这个中世纪的阶段,岂不使人觉得教育的前途仍在枉然!"此文一石激起千层浪,在医学领域引发新一轮激烈的科学和玄学("巫术")论战。

有一次,傅斯年为了中医问题在国民参政会上反对孔庚的议案,两人当众激辩,唇枪舌剑,各显其能,最终孔庚仓皇败下阵来,全然没有"胜固欣然,败亦可喜"的风度,竟倚老卖老,在座位上大出粗口,辱骂傅斯年。傅斯年不与孔庚斗粗鄙的口角,他当众放出一句狠话:"你侮辱我,会散之后我和你决斗!"散会后,傅斯年果然去门口拦住孔庚,这才看清楚自己的对手七十多岁,骨瘦如柴,他的斗兴顿时大减,把握紧的拳头松开了,对孔庚说:"你这样老,这样瘦,我不和你决斗了,让你骂了罢。"其实傅斯年是刀子嘴豆腐心,并不喜欢恃强凌弱,当他占尽上风时,反而不再动手。

1940年8月,《云南日报·星期论文》刊出冯友兰的《论中西医药》,其论点可解中医与西医的长期纷争:"中医西医之分,其主要处,不是中西之分,而是古今之异。中医西医应该称为旧医新医。"中医的理论可能不通,但中药可以治病则是事实,所以"我们现在应该研究中药,而不必研究中医",即不必研究旧医的那套近乎玄学的理论。

傅斯年主张知识精英参政而不从政,所以他只做参政员,不做官员,在这一点上,他与胡适是不同道的,胡适主张"好人政治",认为好人要尽可能出去做官,国家才有希望,否则,"坏人在台上唱戏,好人在家里叹气","好人动口不动手,坏人背着世界走",政治的清明将永无希望。傅斯年的好友朱家骅、罗家伦均踏入政界,操持权柄,快哉乐哉。傅斯年的办事能力实则超过朱、罗二人甚远,蒋介石对他更属信任有加,他若肯从政,不仅机遇多多,而且职位也绝对不会在朱、罗二人之下,但他始终坚执不可。傅斯年曾致书胡适,打开天窗说亮话:"我们自己要有办法,一入政府即全无办法。与其入政府,不如组党;与其组党,不如办报。——我们是要奋斗的,唯其如此,应永远在野,盖一入政府,无法奋斗也。"在政治上,他比胡适要成熟得多。傅斯年敝屣尊荣,连蒋介石钦点的国府委员他都力辞不就,他在书信中这样表明态度:"斯年实愚戆之书生,世务非其所能,如在政府,于政府一无裨益,若在社会,或可偶为一介之用。……此后唯有整理旧业，亦偶凭心之所安，发抒所见于报纸，书生报国，如此而已。"1948年3、4月间，胡适对是否参选总统颇感恍惚之时，傅斯年提醒胡适，他身为国内知识界的当然领袖，"名节"才是重中之重，当局拉他参选，目的是"借重先生，全为大粪堆上插一朵花"，真可谓一语唤醒梦中人。

有人说，傅斯年就像是东汉党锢传中李膺、范滂皆推崇备至的一流人物郭泰，"天子不得臣，诸侯不得友"，危言高论，处士横议。但傅斯年显然比郭泰更有行动力，更有胆魄，他凭借一己之勇拼掉了国民政府的两任行政院长，一位是孔祥熙，一位是宋子文，前者是蒋介石的连襟，后者是蒋介石的小舅子，可见其神勇非凡。傅斯年曾在参政院的会议上公开揭露真相："抗战以来，大官每即是大商，专门发国难财。我们本是势力国而非法治国，利益到手全不管一切法律，既经到手则又借法律名词如'信用'、'契约'等以保护之，这里面实在没有公平！"他平生痛恨中饱私囊的贪官，孔祥熙和宋子文是世间少有的大贪巨蠹，他自然视之若仇敌，深恶而痛绝。他说："我拥护政府，不是拥护这些人的既得利益，所以我誓死要跟这些败类搏斗，才能真正帮助政府。"他主张"惩罚贪污要从大官做起"，"除恶务尽"，"攻敌攻坚"，要打就要打活老虎。

抗战期间，傅斯年身为国民参政员，屡次质询行政院长孔祥熙，牢牢逮住其经济问题不放，使孔祥熙狼狈不堪，恼怒之极，却又无可奈何。蒋介石既想治理好中华民国，又想笼络住那些专擅挖墙脚的亲友，这种做法自相矛盾，最终害他丢掉了大好江山。蒋介石曾亲自出马为孔祥熙缓颊求情，欲使傅斯年一笑置之。蒋问傅："你信任我吗？"傅答："我绝对信任。"蒋说："你既然信任我，那么，就应该信任我所任用的人。"傅对蒋的荒唐逻辑推导不以为然，他说："委员长我是信任的。至于说因为信任你也就该信任你所任用的人，那么，砍掉我的脑袋，我也不能这样说！"此言一出，满座失惊，蒋介石也为之动容。一个人在极峰面前也敢讲真话讲硬话，这才叫刚直不阿，这才是傲骨铮铮的男子汉。不久，孔祥熙灰溜溜地下了台，咸鱼未能再翻身。

1947年2月15日，农历丁亥年正月二十五，傅斯年在《世纪评论》上发表《这个样子的宋子文非走开不可》，造成一波强劲的倒宋声浪。即使悬隔六十余年，我读罢此文，仍要用"切中要害"四字来形容。傅斯年从五点入手，处处讲理，层层剥皮，使宋子文体无完肤。这五点是：宋子文的黄金政策、工业政策、对外信用、办事能力、文化水平。"墙上芦苇，头重脚轻根底浅；山间竹笋，嘴尖皮厚腹中空"，宋子文的形象就是如此。"当政的人,总要有三分文化,他的中国文化,请化学家把他分解到一公忽,也不见踪影的。"傅斯年讽刺宋子文宴请来宾,只会夹菜喂客。尤其莫名其妙的是,抗战胜利后,宋子文去北平接收敌产,竟将别人的老婆也一并接收了,还带到公共场合去招摇,丢人现眼,沦为笑谈。这样子的行政院长宋子文,傅斯年怀疑他究竟是否"神经有毛病"。此文中,讲理是一方面,发怒是另一方面:"我真愤慨极了,一如当年我在参政会要与孔祥熙在法院见面一样,国家吃不消他了,人民吃不消他了,他真该走了,不走,一切垮了。当然有人欢迎他或孔祥熙在位,以便政府快垮。'我们是救火的人,不是趁火打劫的人',我们要求他快走!"这一驱逐令斩钉截铁。傅斯年先后弹劾孔祥熙、宋子文,希望蒋介石至少要"流共工于幽州,放欢兜于崇山",最好能将他们"摈诸四夷,不与同中国"。这般毫不客气和行之有效的办法,蒋介石心太软,未肯采纳。蒋经国后来去上海打虎,同样是只闻霹雳,不见雨点。蒋家王朝气数已尽,痼疾难瘳,根基朽,大厦倾,傅斯年纵然驱孔驱宋成功,也无济于事。

曾有人作诛心之论:"傅斯年只反贪官,不反皇帝,仍是蒋介石的一条忠实的走狗!"这话其实站不住脚。准确地说,傅斯年向来敢"犯上"而不"作乱"。中央银行国库案是孔祥熙的硬把柄，傅斯年揪住不放，一个偶然的机会，他看到一份蒋介石为孔祥熙说情的绝密函件，他怒火中烧，动笔钩出要害，竟在"委座"的大名侧挥笔痛批道："不成话。"世间多有连贪官也不敢反的软骨动物，批评傅斯年这样的勇士，他们却"有胆有识"，真是滑天下之大稽，令人不好恭维。

19世纪英国历史学家阿克顿爵士一度担任国会议员，但他在五年任期内，始终缄默不发一言，友人问他何以金口难开，他说："人家说的话，我一句都不同意。我说的话，人家也未必同意我一句，所以只好当哑巴。"阿克顿爵士还说过一句举世认同的金言："权力导致腐败，绝对的权力导致绝对的腐败。"他无疑是大智者，他的话饶有理趣，颇堪玩味。傅斯年是智者，更是性情中人，他身为国民参政员，无论如何也要担负言责。

"百士之诺诺，不如一士之谔谔"，傅斯年是唯一一个敢在蒋介石面前嘴叼烟斗、跷起二郎腿讲话的知识分子。妾妇之道，他不屑为之，韬光养晦，和光同尘，也与他的性情格格不入。称他为无双国士，就在于他真能做到心口如一，知行合一，绝不轻义苟利。直道如弦，像傅斯年这样刚正不阿的学者，西方多有，而东方罕见。

清代书画家傅山谈艺有名言："学书之法，宁拙毋巧，宁丑毋媚，宁支离毋轻滑，宁真率毋安排。"学书如此，做人又何尝不是如此。傅斯年名满天下，谤亦随之，他不肯低调，不肯谦虚，不设城府，不留退路，不工于心计，不屑于安排，他更像一位敢怒敢言的西方斗士，而不像厚貌深衷的东方学者。有人称他是"激进的保守主义者"，我却认为他是货真价实的自由主义者。这样的知识分子，在中国，不是太多了，而是太少了，凤毛麟角，过于稀缺。

博大精深

蒋梦麟在《忆孟真》一文中写道："孟真博古通今，求知兴趣广阔，故他于发抒议论的时候，如长江大河，滔滔不绝。他于观察国内外大势，溯源别流，剖析因果，所以他的结论，往往能见人之所不能见，能道人之所不能道。他对于研究学问，也用同一方法，故以学识而论，孟真真是中国的通才。"诚然，胡适所倡导的"为学要如金字塔，要能博大要能高"，傅斯年是做到了的。

傅斯年磊落轩昂，自负才气，下笔万言，倚马可待，箕踞放谈，雄辩无敌，自有目空天下之士的实力。百分之九十九的狂人疏于俗务，傅斯年就偏偏是那个例外。办起事来,他顶卖力,顶负责,顶到位,顶有主见,他往往能力排众议,常有令人惊喜的创获。

为文,横扫千军如卷席。做事,直捣黄龙而后快。这就是傅斯年的功夫。

专才易得,通才难寻。一般学人,很难具有行政才能,蒋梦麟、傅斯年、丁文江是民国学者中公认的行政高才。1928年夏,中央研究院创立,蔡元培出任院长,傅斯年出任历史语言研究所所长,他襄助蔡先生规划院务,订立制度和方案,无不井井有条。

历史语言研究所的成功,史料学派的崛起,端赖傅斯年的惨淡经营。他主持中山大学文学院时,创办过语言历史研究所,那一回只是小试牛刀,而真正大展身手,则是在中央研究院创办历史语言研究所时。要了解傅斯年的学术理念,不可不读他那篇《历史语言研究所工作之旨趣》,其精髓为:

(一)凡能直接研究材料,便进步。凡间接的研究前人所研究或前人所创造之系统,而不繁丰细密地参照所包含的事实,便退步。

(二)凡一种学问能扩张他研究的材料便进步,不能的便退步。

（三）凡一种学问能扩充他作研究时应用的工具的，则进步，不能的，则退步。

我们很想借几个不陈的工具，处治些新获见的材料，所以才有这历史语言研究所之设置。

一分材料出一分货，十分材料出十分货，没有材料不出货。

总而言之，我们不是读书的人，我们只是上穷碧落下黄泉，动手动脚找东西！

果然我们动手动脚得有结果，因而更改了"读书就是学问"的风气，虽然比不得自然科学上的贡献较为有益于民生国计，也或者可以免于妄自生事之讥诮罢。

在创办史语所的报告中，傅斯年讲得很清楚："此项旨趣，约而言之，即扩充材料，扩充工具，以工具之施用，成材料之整理，乃得问题之解决，并因问题之解决，引出新问题，更要求材料与工具之扩充，如是伸张，乃向科学成就之路。"他倡导实事求是的学术理念，打破崇拜偶像的陋习，将屈服于前人权威之下的理性解救出来，一言以蔽之：远离故纸堆，发掘新材料。早在中山大学文学院创办语言历史研究所时，傅斯年就在周刊的发刊词中透露了自己的学术理念："我们要实地搜罗材料,到民众中寻方言,到古文化的遗址去发掘,到各种的人间社会去采风问俗,建设许多的新学问。"傅斯年在中央研究院史语所干得最有声有色有成绩的事,就是发掘河南安阳殷墟,找到了若干至关紧要的殷商文化遗存(甲骨文和青铜器),有些发现弥足珍贵,能够解开历史的谜团,乃是国民政府三十八年间最大的科学成绩。史语所集合了陈寅恪、赵元任、李方桂、李济、董作宾等国内首屈一指的语言学者和历史学者,堪称语言学和历史学研究的最重要机关。

当年,战乱持续,道路不宁,河南的地方保护主义严重,考古工作处处受阻,发掘的材料难以运出。傅斯年起用河南籍学者董作宾、郭宝钧、尹达、石璋如,以缓和史语所与地方保守势力的矛盾冲突。他还巧妙斡旋,动用一切可以动用的人脉资源,力保考古发掘不致半途而废,必要的时候,他甚至请求蒋介石签发手令,以图从根本上解决难题。有一次,傅斯年到开封办交涉,费时三个月,他返回史语所后,指着自己的鼻子对考古组的多位学者开玩笑说:"你们瞧,我为大家到安阳,我的鼻子都碰坏了!"若没有傅斯年的执著和精明,殷墟的考古发掘势必被迫中止。

当年,美国历史学家费正清访问李庄,所见到的情形是:"高级知识分子生活在落难状态中,被褥、锅盆瓢勺、孩子、橘子和谈话喧闹声乱成一团。这是一个贫民窟,但又住满了受过高等教育的专家,真是一个悲喜剧的好题材。"傅斯年就是地处李庄的史语所的当家人,英国科学家李约瑟来访,得到了一件心喜的礼物,一把黑折扇,傅斯年用贵重的银朱在上面书写了一段《道德经》,风度和风雅没折损丝毫。万方多难之际,史语所的研究经费奇绌,众学者的日食三餐也难以为继,傅斯年那么高傲,但为了中央研究院在四川李庄的三个研究所和中央博物院的生存之计,他不得不向第六区行政督察专员兼保安司令王梦熊打躬作揖,只为借米一百三十石。

据一些前辈学人回忆,傅斯年主持史语所时,霸才、霸气和霸道均显露无遗,史语所的同事对他莫不敬畏有加,暗地里称他为"傅老虎"。在国民党的铁幕下,傅斯年力争自由,不曾有过丝毫惧色,但在史语所内,他说一不二的家长作风和党同伐异的门户之见相当严重,他瞧不起那些缺少留洋背景的本土派学者,这就难免会伤害一些具有真才实学的好人。女学者游寿(国学家胡小石的高足弟子)在史语所郁郁不得志,最终拂袖而去,就是一个显例。虽然有这样或那样的不足和不快,但傅斯年对史语所的苦心经营功不可没,连个性桀骜不驯、受过大委屈的女学者游寿也承认这一点。

功狗与功臣

1950年12月17日,北京大学五十二周年纪念会在台北召开。傅斯年登台演讲,话题转向学问和办事,他笑道:"蒋梦麟先生的学问不如蔡孑民先生,办事却比蔡先生高明。我的学问不如胡适之先生,但我办事却比胡先生高明。蔡先生和胡先生的办事,真不敢恭维。"这当然又是他想哪儿说哪儿,心直口快。好在蔡先生大度,在九泉之下,是不会生气的。胡先生也大度,深知傅斯年的脾气性格,同样不会生气。傅斯年走下讲台后,蒋梦麟对他说:"孟真,你这话对极了。所以他们两位是北大的功臣,我们两人只不过是北大的功狗。"能做北大的功狗也了不起啊!傅斯年欣领了这个荣誉称号。傅斯年是"北大功狗",无妨他为中央研究院史语所的功臣,无妨他为台湾大学的功臣,因为他做了许多卓有成效的实事,转移了一时的风气。

1949年1月17日,傅斯年从上海直飞台北,台湾省政府主席陈诚亲往机场迎接,场面不小,动静很大。翌日,傅斯年即从台大代理校长杜聪明手中接受印信,正式履职。他为台大立下"敦品励学,爱国爱人"八字校训。

傅斯年到台大履新后，中文系教授黄得时请傅斯年题词，他不假思索，略无沉吟，即挥笔写下"归骨于田横之岛"的字幅相赠。傅斯年用的是秦末汉初齐国贵族田横的典故，刘邦称帝后，田横不愿臣服于汉，率徒众五百余人逃亡，避居海上孤岛。后来田横被迫偕门客二人赴洛阳，于驿舍中忧愤自杀。留居海岛的追随者获悉田横死讯，遂全体壮烈自杀。

此前此后，傅斯年与胡适争取大陆学人赴台，费了不少力气，却效果平平，其门生弟子尚且敬谢不敏，避之唯恐不及，仿佛恩师是要拉他们去跳粪坑和火坑，历史学家邓恩铭就曾对傅斯年说过"不"，傅斯年的妻姐俞大缜和俞大纲也拂逆了他的美意，最终在"文革"中受难和自杀。当年，学者、教授对蒋家王朝失望之极，不愿"抛骨于田横之岛"，其心情不难理解。中国人的普遍心理是"愿为太平犬，不做乱离人"，在国民党军队大溃败之际，凡是往昔未尝与中共结下深仇大怨的学人，百分之九十五以上都不愿意选择那座岌岌可危的孤岛作为自己后半生安身立命的地方。陈寅恪与傅斯年是游学欧陆时的老朋友，而且他曾在傅斯年主持的历史语言研究所担任过历史组组长，抗战时期，陈寅恪在昆明躲空袭，他的口号是"闻机而坐，入土为安"，前面四字不难理解，后面四字的意思是说躲进防空洞才算安全。每当警报大作，别人狼奔豕突，傅斯年则冒险爬上三楼去将陈寅恪搀扶下来。下雨天防空洞中水深盈尺，傅斯年还得弄把高脚椅让陈寅恪稳稳当当地坐着。想想看吧，一位大胖子搀扶着另一位半盲的学者躲避空袭，何等费劲，何等吃力！单从这件事，就不难见出傅斯年与陈寅恪友情之深挚。傅斯年曾亲自出面游说陈寅恪去台湾大学任教，甚至准备动用极其稀缺的专机将这位国宝级的学者接送到台湾。陈寅恪坚执不可，他自忖与现实政治素无关涉，晚景理应无忧，终老于中山大学于愿足矣。"文革"时期，陈寅恪遭到迫害，高音喇叭架设在他门外的大树上，大字报张贴到他卧室的床头，存款被冻结，连不可或缺的牛奶也断了供，晚景凄凉真是始料未及。

台湾大学乃"五朝老底"，实不易办，改造一所旧大学远比建设一所新大学要更加繁难。傅斯年曾致函张晓峰："弟到台大三学期矣！第一学期应付学潮，第二学期整理教务，第三学期清查内务，不查则已，一查则事多矣！报上所载，特少数耳。以教育之职务作此非教育之事，思之痛心，诚不可谓为不努力，然果有效否？不可知也，思之黯然！"欣然也好，黯然也罢，一位负责任的校长，结局只可能是鞠躬尽瘁，死而后已。

在台大，傅斯年锐意改革，第一要务就是整顿人事，凡是不合格的教员一律解聘，对于高官要员举荐的亲友，他并不买账："总统介绍的人，如果有问题，我照样随时可以开除。"傅斯年真有包天之胆，说到就敢做到。"大一国文委员会""大一英文委员会"和"大一数学委员会"由许多著名教授组成，毛子水、台静农、屈万里都给大学一年级新生开课。杀鸡焉用宰牛刀？众人表示疑惑，傅斯年认定基础学科的建设乃是重中之重，若不用火车头去牵引，就不可能产生理想的动能和速率。新学期伊始，每位教师都会及时收到傅校长一封内容相同的亲笔信，他告知大家：说不定哪一天，他会跟教务长、贵学院的院长、贵系的系主任，去课室听讲，请勿见怪。不到两年时间，傅斯年真就"听掉"了七十多名教师，由于这些南郭先生的教学水平不入他的法眼，他不再与之续聘。傅斯年用人从来不看背景，只看能力，因此得罪了不少权贵，也受到外间的非议和攻击，甚至有些心怀宿怨的人骂他是"学阀"，是"台大的独裁者"，但傅斯年依然我行我素，至于妥协，在他的人生大词典中，压根就没有这个词的体面位置。有一次，蒋介石对他的亲信说："那里（指台大）的事，我们管不了！"傅斯年打就的"营盘"真就是水都泼不进。

1950年，台大新生入学考试，国文试卷由傅斯年亲自命题，题目摘自《孟子·滕文公下》："居天下之广居，立天下之正位，行天下之大道。得志，与民由之；不得志，独行其道。富贵不能淫，贫贱不能移，威武不能屈，此之谓大丈夫。"这是孟轲的夫子自道，也是孟真的夫子自道，傅斯年就是要做这样的大丈夫。很难说他得志了，只能说他抱憾而终。

据朱家骅回忆，傅斯年去世前几天，闲谈时对他说："你把我害苦了，台大的事真是多，我吃不消，恐怕我的命要断送在台大了。"一语成谶。1950年12月20日，傅斯年列席台湾省参议会，答复有关台大校政校务的质询，当日提问者即"大炮参议员"郭国基，两尊"大炮"对阵，外界所料想的对轰并未发生，傅斯年的猝然弃世是否如报界所讹言"被气死"，至今仍有几个语焉不详的版本。傅斯年的死因是脑溢血。劳累、焦虑、忧谗、虚弱的体质（夏天刚做过胆结石手术）和高血压，合伙做了残忍的杀手，攫夺了这位国士的性命。真令人难以置信啊，傅斯年想穿的那条暖和的新棉裤，竟然至死也未穿上。身为台大校长，如此清苦，怎不令人唏嘘！

傅斯年死后，哀荣自不用提，蒋介石亲往致祭，台大校园内专辟傅园，园内建造傅亭，安置傅钟。傅斯年尝言："一天只有二十一小时，剩下的三小时是用来沉思的。"台大将这句醒世恒言化为实际行动，上课下课时，钟敲二十一响。

在大陆，傅斯年的死讯没有激起太大的波澜，只有周作人之类闻讯而喜的攻击手重新找到了靶子,但几支冷箭不算热闹,也不算奋勇。究竟有几人痛心,几人落泪?痛心落泪者首推陈寅恪先生,他以《〈霜红龛集·望海诗〉云"一灯续日月不寐照烦恼不生不死间如何为怀抱"感题其后》为由头,赋七绝一首,隐晦地表达了对故友的悼念:

不生不死最堪伤,犹说扶馀海外王。
同入兴亡烦恼梦,霜红一枕已沧桑。

《霜红龛集》是清代诗书画名家傅青主傅山的诗集,彼傅虽非此傅,但爱国忧时则一,陈寅恪先生赋此七言诗,岂徒为私谊留一念想,也为公道存一写照。

在白云苍狗的乱世,总体而言,知识精英的人生就是一场追梦未果的悲剧,目标依旧悬远,生命却已耗竭。这个事实竟是难以逆转,也难以改变的。"天地不仁,以万物为刍狗",一位稀世天才的损失又算得了什么呢?生性豪奢的造物主何时何地怜惜过天才的英年早逝?权当是花的开谢,草的荣枯。如是而已。

罗家伦

儒将风流

功名自有定数，强争不来，强取不到。"五四健将"罗家伦的一生走的是一条下坡路。

历史学家陈寅恪治学谨严，论人素不轻许，王国维、刘文典、傅斯年能够得到他的推重，是再正常不过的事情，罗家伦（1897—1969）居然也能够入先生的法眼，就有些令人意外了。罗家伦身上最醒目的标签莫过于"五四健将"，他与政党政治有一种剪不断、理还乱的关系，并不是潜心于典籍、致力于学问的纯粹学者。陈寅恪高看罗家伦又为哪般？罗家伦具有相当不俗的行政能力，尤其在改革清华这方面，称赞他一句"筚路蓝缕，以启山林"，是不会有错的。罗家伦快刀斩乱麻，将清华留美学校升格为国立清华大学，改变其长达二十年的运转机制，在保持文理科高水准的前提下，加强工科，他的成绩单相当靓丽。陈寅恪曾向毛准（字子水）夸赞罗家伦："志希在清华，使清华正式的成为一座国立大学，功德是很高的。即使不论这点，像志希这样的校长，在清华也可说是前无古人，后无来者。"志希是罗家伦的字。

长期以来，在海峡两岸，罗家伦均被明显低估，甚至被刻意丑化。有的评者贬损他是名不副实的庸才，有的评者讥诮他是攀龙附凤的政客，若以事实为权衡，则前者的评价太低，后者的评价太狠。

五四健将辣手摧"辜"

罗家伦投考北大，文学院院长胡适给他的作文打了满分，称赞他为"有文学才华的考生"。招生委员会的负责人蔡元培也点头赞可。然而他们检视罗家伦其他科目的成绩，立刻傻了眼，数学居然是零分，历史、地理两科的成绩也乏善可陈。大家面面相觑，最终由校长蔡元培果断拍板，破格录取罗家伦。倘若换在另一时空，罗家伦就注定做不成"红楼梦"了（北大的旧址在沙滩，红楼是其主体建筑）。

在北大，罗家伦与傅斯年齐名。他们与顾颉刚牵头组织新潮社，创办《新潮》月刊，跟《新青年》互为犄角，旌鼓相应，成为新文化运动的两个桥头堡。

五四学潮的迅速发动，罗家伦与傅斯年分担的角色各不相同。傅斯年是掌旗人，上马杀敌。罗家伦是操觚手，下马草檄。白话文的《北京学界全体宣言》神完气足，罗家伦一挥而就。那年，他还未满二十二岁。

现在日本在国际和会上，要求并吞青岛，管理山东一切权利，就要成功了。他们的外交，大胜利了。我们的外交大失败了。山东大势一去，就是破坏中国的领土。中国的领土破坏，中国就要亡了。所以我们学界，今天排队到各公使馆去，要求各国出来维持公理，务望全国农工商各界，一律起来，设法开国民大会，外争主权，内惩国贼。中国存亡，在此一举。今与全国同胞立下两个信条：

（一）中国的土地，可以征服，而不可以断送。

（二）中国的人民，可以杀戮，而不可以低头。

国亡了，同胞起来呀！

这篇宣言只有寥寥二百多字，不仅意义周全，而且气魄雄壮，爱国者读之无不热血沸腾。罗家伦一举成名天下知，"五四健将"的美誉使他终生受益。若单论"以少少许胜多多许"，《陋室铭》《永州八记》虽在"惊艳"之列，却难逾此例。天下多少皓首穷经、著作等身的老夫子，著述数百万言，其重量反而比不上这区区二百多字。时哉命也，历史自有他的选才眼光和颁奖方式。

1919年5月4日，北京高校学生组成游行队伍，冲击东交民巷，火烧赵家楼，打伤章宗祥，因此二十三名肇事学生被捕。值得一提的是，章宗祥宅心仁厚，他被诬为"卖国贼"，受到重创，却并未控告肇事者，反而让夫人陈彦安出面，代他具呈保释被捕学生。在纷纷乱局中，谣言四起，有人怀疑罗家伦和傅斯年去过安福俱乐部赴宴，已被段祺瑞执政府收买，于是嘲骂罗家伦的漫画和打油诗一齐出笼，打油诗带有鲜明的人身攻击色彩："一身猪狗熊，两眼官势财，三字吹拍骗，四维礼义廉。"内讧当然是致命的，若不是胡适及时出面，力保傅、罗二人清白无辜，此事还真不知道会闹成什么样子才能收场。由此可见，学生运动总是暗流潜涌。

当时，北京各高校的学生代表们决定于5月7日国耻日实行总罢课。北洋政府深恐事态愈加失控，遂与京城各大学校长达成协议，学生若肯取消罢课之举，则警局立刻放人。大学校长们认为救人要紧，学生代表们却不肯废弃总罢课的原议，不肯向北洋政府妥协。在这个紧要关头，罗家伦力排众议，赞成复课，以换取被捕同学的安全归校。应该说，他作出了理性的选择，当时的优选方案莫过于此。嗣后蔡元培辞职，北京学运再次发动，很快就波及全国，仿佛一场大地震后的余震不断。

罗家伦认为，"青年做事往往有一鼓作气再衰三竭之势"。诚然，青年学生一旦由求实转为求名，尤其是"尝到了权力的滋味"（蔡元培的说法）后，一败涂地的结局就将无可避免。在五四运动一周年时，罗家伦检讨大学生滥用公权，即承认后果堪忧："自从'六三'胜利以来，我们学生界有一种最流行而最危险的观念，就是'学生万能'的观念，以为我们什么事都能办，所以什么事都要去过问，所以什么事都问不好。"五四运动是20世纪大学生干政的开端，此后学潮汹涌，一浪盖过一浪，许多青年人踏上了不归路，真不知伊于胡底（到什么地步为止）。

由于五四学潮，北大被打上了鲜明的政治印记，此后数十年，北大的学术空气逐渐为政治空气所激荡，相对健全的个人主义日益式微，思想解放的主命题竟只能叨陪末席。从这个角度去看，罗家伦被列入"五四健将"的方阵，未始不是戴上了黄金打造的枷锁，令人羡慕的同时，也令人侧目。

究竟是谁抹平了五四学潮与五四运动之间的模糊差距？答案很明确，是罗家伦。1919年5月26日，《每周评论》第23期"山东问题"栏内，发表了署名为毅（罗家伦的笔名）的短文《五四运动的精神》，罗家伦指出，此番学运有三种真精神，可以关系到中华民族的存亡：第一，学生牺牲的精神；第二，社会制裁的精神；第三，民族自决的精神。五四运动的概念从此确立不拔。五四运动迄今被过度歌颂了近百年，它的意义何在？影响何如？理智的人有必要找来李敖的《五四之误：中国站起来，中国人垮了》，仔细读一读。

在五四时期，罗家伦还干了一件鲜为人知的大事，这件事与辜鸿铭被北大辞退有直接关联，他扮演的竟是"关键先生"。当年，辜鸿铭在北大讲授英文诗歌，为了引起弟子们的兴趣，他把英文诗划分为"外国大雅"、"外国小雅"、"外国国风"、"洋离骚"，罗家伦屡屡"在教室里想笑而不敢笑"，实则他对此是很有些腹诽的。罗家伦晚年回忆辜鸿铭，赞许"辫子先生"是"无疑义的"、"有天才的文学家"，自承每每读其长于讽刺的英文，必拍案叫绝。然而迟到的佩服并不能将他们之间当年的私怨一笔勾销。据张友鸾的回忆文章《辜鸿铭骂罗家伦WPT》所记，辜辫怪素来看思想新潮的罗家伦不顺眼，后者的英文底子不够扎实，辜鸿铭就经常在课堂上故意用刁钻的问题为难他，罗家伦不是答非所问，就是丈二金刚摸不着头脑，相当尴尬。辜鸿铭当众责备罗家伦，话语尖酸刻薄，罗家伦若顶嘴，辜鸿铭就圆瞪着双眼吼道："罗家伦！不准你再说话！如果再说，你就是WPT！"罗家伦直纳闷，WPT是什么？他去请教胡适，胡博士挠挠头，也拿不出标准答案来。解铃还须系铃人，罗家伦就在课堂上请教辜鸿铭："WPT是哪句话的缩写？出在哪部书上？"辜鸿铭翻了翻白眼，鼻孔里一声冷哼，当即满足了罗家伦的求知欲："你连这个都不知道吗？WPT，就是王、八、蛋！"此言一出，众人绝倒。罗家伦少年得志，何曾遭逢过这样的奇耻大辱？他与辜鸿铭水火难容，不共戴天，此仇迟早要报。

正当五四运动在全国范围内如火如荼时，辜鸿铭在英文报纸《北华正报》上发表文章，责骂北大学生是暴徒，是野蛮人。罗家伦对辜老怪的言论极为不满，他把报纸带进课堂，当面质问辜鸿铭："辜先生，你从前著的《春秋大义》（The Spirit Of The Chinese People，又译为《中国人的精神》）我们读了很佩服。你既然讲春秋大义，就应该知道春秋的主张是'内中国而外夷狄'的，你现在在夷狄的报纸上发表文章骂我们中国学生，是何道理？"辜鸿铭素以机智幽默著称，这会儿闻言竟怫然不悦，青筋暴起，两眼翻白，无言以对。捱了半支烟的功夫，他才把辫子一甩，胡子一吹，起身猛敲讲台，吼叫道："当年我连袁世凯都不怕，现在还会怕你？"辜老怪这话只说对了一半，他曾骂袁世凯的见识不如北京街头刷马桶的三河县老妈子，显示了挑战强权的姿态，骂得精彩绝伦，但他在报纸上公然诟骂游行示威的学生是暴徒和野蛮人，则是捅了马蜂窝，虽有呲呲气势，却已落在下风。

1919年5月3日，五四前夕，罗家伦写了一封《罗家伦就当前课业问题给教务长及英文主任的信》，矛头直指辜鸿铭。嗣后他为学生运动奔波忙碌，此信并未寄出。8月8日他又补写了对英文课和哲学课的两条意见，将它们一并寄给教务长马寅初和英文门主任胡适。

5月3日的信内容如下：

> 教务长/英文主任先生：
> 先生就职以来，对于功课极力整顿，学生是狠（很）佩服的。今学生对于英文门英诗一项功课，有点意见，请先生采纳。学生是英文门二年级的学生，上辜鸿铭先生的课已经一年了。今将一年内辜先生教授的成绩，为先生述之：
> （一）每次上课，教不到十分钟的书，甚至于一分钟不教，次次总是鼓吹"君师主义"。他说："西洋有律师同警察，所以贫民不服，要起Bolshevism；中国历来有君主持各人外面的操行，有师管束内里的动机，所以平安。若是要中国平安，非实行'君师主义'不可。"每次上课都有这番话，为人人所听得的。其余鄙俚骂人

的话,更不消说了。请问这是本校所要教学生的吗?这是英诗吗?

(二)上课一年,所教的诗只有六首另十几行,课本钞本具在,可以覆按。因为时间被他骂人骂掉了。这是本校节省学生光阴的办法吗?

(三)西洋诗在近代大放异彩,我们学英国文学的人,自然想知道一点,我们有时问他,他总大骂新诗,以为胡闹。这是本校想我们有健全英文知识的初心吗?

(四)他上课教的时候,只是按字解释,对英诗的精神,一点不说,而且说不出来。总是说:这是"外国大雅",这是"外国小雅",这是"外国国风",这是"外国离骚",这是"官衣而兼朝衣"的一类话。请问这是教英诗的正道吗?

有以上种种成绩,不但有误学生的时光,并且有误学生的精力。我们起初想他改良,说过两次,无赖(奈)他"老气横秋",不但不听,而且慢(谩)骂。所以不能不请先生代我们做主,设法调动,方不负我们有这英诗的本旨。

校长优容辜先生的缘故,无非因为他所教的是英诗,教得好,而且与政治无涉,那(哪)知道内幕中这个情形。不但贻误学生,设若有一个参观的人听得了,岂不更贻大学羞吗?学生也知道辜先生在校,可以为本校分谤,但是如青年的时光精力何呢?质直的话,请先生原谅!

8月8日补写的内容如下:

这封信是五月三日上午写好的,次日就有五四运动发生,所以不曾送上。到今日学校基础已定,乃检书呈阅。还有两件事要附带说明:

(一)本年学校将不便更动教授,但英文门三年级的英诗功课,只有二点钟,可否将辜先生这两点钟减去,让他便宜点儿。这两点钟我和我的同班,渴望主任先生担任。

(二)听说杜威先生下半年在本校教"哲学"同"教育原理"两课。这两课都是对于英文门狠(很)有关系的东西,可否请先生将他改成英文门的选科,让我们多得一点世界大哲学家的教训,那我们更感激不尽了。

这封信是黄兴涛教授近年从北京大学档案馆的旧档案中发

掘出来的，案卷号为BD1919031，有原信的复印件为证，可谓确凿无疑。此事的知情人罗家伦、胡适、马寅初、蒋梦麟、陈大齐生前都讳莫如深，从未提及过此事，或许他们也觉得合力将辜鸿铭赶下北大讲台，并不是什么光彩生门户的事情。尤其是胡适，他与辜鸿铭的梁子结在明处，打嘴仗，打笔仗，都耗费元神，是不是他恼羞成怒了，就将自由主义者念念不忘的宽容准则扔到了爪哇国？在五四运动的大背景下，似辜鸿铭这样古色斑斓的人物在北大顿失凭依（蔡元培已南下，蒋梦麟代理校长职务），并不奇怪。罗家伦是驱逐辜鸿铭的始作俑者，这一点，估计辫怪先生至死都蒙在鼓里。现在我们回过头来看看这件事，已很难判断罗家伦的行为动机在多大程度上是"公义"使然，在多大程度上是"私愤"使然，总不宜贸然作出诛心之论。他晚年对辜鸿铭的评价实在是太好了，甚至言过其实，可能是心虚的成分起了作用吧。

蔡元培先生曾调侃某些北大师生是"吃五四饭的人"，委婉地批评他们一劳永逸，安享尊荣，不求进步。"五四健将"的镏金招牌何时才吃香？应是国民革命军北伐成功后的追加奖赏才对，间隔了大约七八年时间，反而更加彰显荣光。试问当初的情形如何？罗家伦的文章泄露出若干信息，厌倦的情绪竟挥之不散。

1920年，为了配合五四学运周年纪念，罗家伦在《新潮》二卷四号上发表《一年来我们学生运动的成功失败和将来应取的方针》，作出了深刻的反省，对五四时期的"罢课"、"三番五次的请愿"、"一回两回的游街"颇有微词，认为是"无聊的举动"，是"毁坏学者"。他非常懊悔自己参加了学生运动，原文如右："好不容易，辛辛苦苦读了几年书，而去年一年以来，忽而暴徒化，忽而策士化，忽而监视，忽而被谤，忽而亡命……全数心血，费于不经济之地。偶一回头，为之心酸。"他决定要"一本诚心去做学问"，"埋头用功"，不问政治，"专门学者的培养，实当今刻不容缓之图"。此文发表后不久，他真就拿定主意"专门研究学问"，去美国留学两年，去欧洲游学四年。

有趣的是，五四健将罗家伦泛洋赴美前，胡适题赠了一首名为《希望》的译诗给他，源于波斯古诗《鲁拜集》，情诗的语气，内容太过亲昵，倒容易使人脸红：

要是天公换了卿和我，
该把这糊涂的世界一齐都打破。
再磨再炼再调和，
好依着你我的安排，

把世界从新造过!

国民革命军北伐成功后,国共两党抚今思昔,都将五四运动视为"中国人民彻底反对帝国主义、封建主义的爱国运动",甚至是"中国旧民主主义革命的结束和新民主主义革命的开端"。如此一来,能与五四运动沾边可谓三生有幸,身为"五四健将"更是荣耀非凡。罗家伦起草过白话文的《北京学界全体宣言》,他的身价顿时飙涨百倍,在国民革命军中是少将军衔,三十一岁就出任清华校长。真可谓雄姿英发,春风得意。

天生的大学校长

1928年,罗家伦得到大学院院长蔡元培和外交部部长王正廷的提名推荐,带着蒋介石的亲笔手令,于9月中旬"空降"清华,出任校长。到任之前,他答复清华学生会代表傅任敢,态度诚恳之至:"来办清华,本系牺牲个人之政治地位,自当以全副精神办理清华。"罗家伦的就职演说题目为"学术独立与新清华",他将教育方针归纳为"四化":学术化,民主化,纪律化,军事化。他对清华的设计是:"我们的发展，应先以文理为中心，再把文理的成就，滋长其他的部门。"在就职演说中，他还说："我想不出理由，清华的师资设备，不能嘉惠于女生。我更不愿意看见清华的大门，劈面对女生关了！"早在1919年5月11日，罗家伦就在《晨报》上发表了《大学应当为女子开放》一文，他认为，中国文明不承认女子有人格，只能算是"半身不遂的文明"，而只给女子饭吃和屋住，不给她们受教育的权利，也不是人道主义，而是"猪道主义"。罗家伦有三点主张，"第一，为增高女子知识起见，大学不能不为女子开放"，"第二，为增高女子地位起见，大学不能不为女子开放"，"第三，为增高自由结婚的程度起见，大学不能不为女子开放"，他将女子上大学视为"人道主义的第一声"。九年后，正是由罗家伦拍板，清华大学实现了男女同校，女生入住古色古香的古月堂，垂花门下，风景这边独好。

履新之初，罗家伦先去工字厅拜访陈寅恪，送上他编辑的《科学与玄学》一书，是张君劢与丁文江的笔战实录。陈寅恪翻弄时，灵感拍马赶到，他说："志希，我送你一联何如？"罗家伦求之不得，起身要去琉璃厂购买上好的宣纸，陈寅恪却只肯口授，这副嵌名联戏谑意味十足，上联是"不通家法科学玄学"，下联是"语无伦次中文西文"，横批是"儒将风流"，大家都觉得联语有趣,只是对横批茫然不解。陈寅恪解释道:"志希在北伐军中官拜少将,不是儒将吗?你讨了个漂亮的太太,正是风流。"

这就有必要补充交代一下,罗家伦的太太张维桢曾是沪江大学政治系的校花级美女,才学甚高,他们在五四运动爆发的那年夏天相识相恋,历经八年爱情长跑(其间两人泛洋留学,聚少离多),才结为连理。在抗战期间,张维桢担任过"中国战时儿童保育会"理事(理事长是宋美龄),致力于抚育、教养战争孤儿和难童的事业,并且多次以英语演说的方式向外界标举中国妇女的牺牲精神。有人称赞她为"女界楷模",绝非过誉。

罗家伦当清华掌门人,在"做大做强"方面狠下了一番工夫,"做强"容或有争议,"做大"则是瞎子也无法否认的事实。1928年9月13日,蔡元培致信罗家伦,婉劝后者上任后不要把摊子铺得太开:"鄙意清华最好逐渐改为研究院,必不得已而保存大学,亦当以文理两科为限。若遍设各科,不特每年经费不敷开支,而且北平已有较完备之大学,决无需乎复重也。"罗家伦尊重恩师,在这件事情上却独持己见,他上任后把清华的工科提升到了与文、理科同等重要的地位,到梅贻琦任清华校长时,清华的工科成为了全国各大学中最好的工科，可谓由来有自。罗家伦凭仗蒋介石对自己的信任，充分利用国务会议中的人脉资源，将清华留美预备学校一举升格为国立清华大学，将清华基金转交给中华教育文化基金董事会代管，摆脱外交部的控制，归属教育部独家管辖。清华每年除了有额定的教育经费到账，还可动用基金四十万元，单就经费宽裕而论，当时的国立大学中，清华是天之骄子。有钱就好办事，罗家伦大兴土木，建造全新的图书馆（嗣后他派人购入杭州杨氏丰华堂的大量善本书尤称眼明手快）、生物馆、天文台、大礼堂、学生宿舍、教职员住宅等硬件设施。历史系主任蒋廷黻曾善意地提醒道："我们是在创办一所大学，不是建造一座宫殿。"殊不知，罗家伦心目中有一个大清华的轮廓，为此规划宏远。1931年，梅贻琦出任清华大学校长，他之所以能够标榜"所谓大学者，非谓有大楼之谓也，有大师之谓也"，是因为清华大学的大楼已臻完善，无须再事营造，这份劳绩理应算在罗家伦头上，他用不足两年的时间做了别人耗费五年甚至十年都很难办成的事情。

　　大学好不好，就看明师和名师多不多。罗家伦认为"罗致良好的教师，是大学校长第一个责任"，为了提高清华教授的整体水准，他采取了重发聘书的措施。1928年10月29日送出十八份教授聘书，为期一年。原来清华有五十五名教授,这就等于解聘了其中的三十七人。最难办的是解聘某些外籍教师,有人担心会因此引起国际干涉,罗家伦则认为,只要师出有名,就能理直气壮,完全可以排除各方面的阻力。一位荷兰籍的音乐教授教女生弹钢琴而有失礼行为,罗家伦当即将他解聘,然后写信给荷兰公使,详述缘由,此事做得妥帖,什么风波也没发生。革除故弊,补充新血,罗家伦延揽了一大批学有专长的著名教授,如历史学家蒋廷黻、政治学家张奚若、萧公权、哲学家冯友兰、文学家朱自清、化学家张子高、地质学家翁文灏、数学家华罗庚等等,多达数十人。这些高手陆续到校任教,壮大了清华大学的教员阵容。刘备三顾茅庐,请动高卧南阳的诸葛亮,成为千古佳话,罗家伦罗致文科人才,也有过堪称经典的表现。美国哥伦比亚大学博士、历史学家蒋廷黻是南开大学的台柱子,罗家伦要强行挖走这棵"大树",聘他为历史系主任,应该说希望渺茫。张伯苓校长固然不肯放人,蒋廷黻碍于情面,也不宜改换门庭。但罗家伦坐功好,耐力强,他说:"蒋先生若是不肯去清华任教,我就只好坐在你家客厅中不走了!"这可不是开玩笑的,有诚意,也有决心,蒋廷黻吃不消,只好点头。十余年后,罗家伦在贵阳清华同学会的演讲中提到这一点时还特别得意,他说,"我心里最满意的乃是我手上组织成功的教学集团"。诚然,在20世纪30年代,清华鼎盛时期的名教授中许多是由罗家伦聘请来的。

清华大学能够吸引国内的一流教授,尤其是那些想潜心做学问的教授,原因是多方面的:一是清华大学校园宁静优雅,非常宜居;二是清华的教员有法定的假期,旅费由学校提供;三是教员上课钟点较少,进修时间较多(出国深造的机会一大把);四是图书馆、试验室的经费充足,资料和设备齐全。至于教员的薪金待遇,绝不会低于国内的其他国立大学。

罗家伦以国民党激进派人士的高姿态,挟南方新兴政治势力的威权,到北京做国立清华大学的掌门人,大刀阔斧地改革,礼聘北大出身的教授(杨振声、冯友兰、周炳琳等)担任教务长、学院院长,破坏了"清华人治清华"的老规矩,自然多方招嫉。1930年,北方军阀阎锡山与冯玉祥短期合流,处处为难国民政府,大唱对台戏,亲阎派的学界牛人为讨主子欢心,极力煽动学潮来驱逐罗家伦。有心人留下了这段历史的回忆,其中两人的文字是相对客观的。《蒋廷黻回忆录》第十二章"清华时期"中有这样一段话:

校长罗家伦是国民党忠实党员,同时他也是教育界优秀的学者。虽然他忠于国民党，把国民党的三民主义订为课程，但他毕竟是个好人，是个好学者，所以他不想把清华变成任何一党的附属品。……清华教授中有些是不满罗的，因为他是个国民党员。他们认为罗的办学政治色彩太浓，不适合他们的胃口。再者罗校长过去和清华没有渊源，因此也使他遭到不利。此外，他是一个在各方面都喜欢展露才华的人，此种个性使他得罪了很多教授。所以当反罗运动一开始，多数教授都袖手旁观，不支持他。

应该说，气魄宏大，作风果敢，为人坦率，是罗家伦的优点；年轻气盛，露才扬己，治校强调铁腕，较少变通，则是罗家伦的缺点。他在清华时身着戎装，秉承恩师蔡元培的军国民教育思想（北大的学生军很成气候），强推军训，起先是吓跑了张岱年（转投北京师范大学），其后又险些开除哲学系才子沈有鼎，此举自始就不受学生欢迎，终于虎头蛇尾，不了了之。但无论横看侧看，罗家伦都是功大于过，并非清华的罪人。中原大战时，阎（锡山）系势力意欲控制北平学界，给罗家伦强加"党化教育"的罪名，迅速酿成"驱罗风潮"，某些罔顾真相的清华学生推波助澜，多数教授默不援手，这种乐观其败的态度令罗家伦十分寒心。五四健将成也学潮，败也学潮，"且看剃头者，人亦剃其头"，真令人唏嘘。

三松堂主冯友兰是罗家伦进清华掌校的四人班子成员之一，他赞赏罗家伦在清华所做的四项学术改革：第一，提高教师的地位（将"职教员"修正为"教职员"，教员的待遇和地位得以大幅度提高）；第二，提高中国课程的地位；第三，压低洋人的地位；第四，放开女禁。冯友兰与蒋廷黻有一个共识：罗家伦来清华掌校以及去职都是由于政治因素居间作用。蒋介石在政治上能够掌控北京时，罗家伦在清华就能有所作为，一旦蒋介石的政治影响力暂时淡出北京，罗家伦就进退失据，难以立足，这纯属时势使然。

罗家伦执掌国立清华大学校政不足两年，执掌国立中央大学校政则长达九年，如果说他在清华大学只是小试牛刀，那么他在中央大学就是大显身手了。

自1928年建校以来，国立中央大学几经学潮和"易长风潮"的冲击，再加上办学经费捉襟见肘，困扰难除，校政长期处于半瘫痪状态，教学和研究始终未上正轨。1932年8月，罗家伦受命于危难之际，出任中央大学校长。原本他不想接下这个烫手的山芋，无奈前任中央大学校长、时任教育部长朱家骅秉承蒋介石的旨意，一再登门力劝，"以国家及民族学术文化前途的大义相责"，罗家伦有天然的爱国心，"不忍在国难期间，漠视艰危而不顾"，于是他抱定"个人牺牲非所当惜"的勇气，挑起了这副千斤重担。但他要求政府保障办学经费，给予他"专责与深切的信任"。

1932年10月11日，罗家伦在中央大学的开学典礼上发表演讲，题目为"中央大学之使命"，悬鹄甚高，"创立一个民族文化的使命，大学若不能负起责任来，便根本失掉大学存在的意义；更无法领导一个民族在文化上的活动。一个民族要是不能在文化上努力创造，一定要趋于灭亡，被人取而代之的"，"创造一种新的精神，养成一种新的风气，以达到一个大学对于民族的使命"。他以柏林大学为例，当日耳曼民族受到拿破仑的军事挤压时，一代学者积极配合政治改革，再造民族精神，贡献极大而影响深远。他为国立中央大学撰写的校歌歌词为："国学堂堂，多士跄跄；励学敦行，期副举世所属望。诚朴雄伟见学风，雍容肃穆在修养。器识为先，真理是尚。完成民族复兴大业，增加人类知识总量。担负这责任在双肩上。"罗家伦从歌词中取出"诚朴雄伟"四字作为新校风的关键词："诚"，即对学问要有诚意，不以它为升官发财的途径，不作无目的的散漫动作，守着认定的目标义无反顾地走去;"朴",就是质朴和朴实,力避纤巧浮华,反对拿学问充门面,"唯崇实而用笨功,才能树立起朴厚的学术气象";"雄",就是无惧无畏的气魄,改变中华民族柔弱委靡的颓状,善养吾浩然正气,男子要有雄风,女生须无病态;"伟",就是伟大崇高,力避门户之见,敢做大事,能成大器。"诚朴雄伟"和"励学敦行"八字至今仍是南京大学(中央大学的后身)的校训。适值国家内忧外患之际,罗家伦激励中央大学师生学习柏林大学前辈,"建立有机的民族文化",葆有独立精神,复兴中华民族。非常时期,他要引导师生回归到学术中去,校纪就不可松弛,中央大学为此采取四项措施:一是"闹学潮就开除",二是"锁校门主义",三是"大起图书馆",四是"把学校搬到郊外"。罗家伦是五四健将,靠闹学潮起家,现在却反对学生闹学潮,措施无比强硬,此举确实促人深思,耐人寻味。学生离开学校,去社会上蹚政治的浑水,只会被人利用,学业的荒废固然可惜,有时激成惨祸,还会危及生命。在罗家伦身上,我们不难看出五四健将们的精神嬗变,由感性的雾散抵达理性的晶凝乃是成长和成熟的必然结果。

罗家伦的治校方略为"安定""充实""发展"六字,拟分三个阶段来实行,每个阶段约摸需要三年。然而形势比人强，七七事变后，中央大学内迁至重庆沙坪坝，在炸弹如雨的战争年代，安定已无从谈起，但即使得不到经费的全额支持，中央大学仍然有较大的充实和长足的发展，学生人数从一千多增加到三千多，为此开办了柏溪分校。有一次，日机轰炸沙坪坝中央大学校舍，炸塌了二十多座房屋，罗家伦的办公室也在其列，就在这间四壁仅存一面完壁的危房里，他照旧办公，并且撰成《炸弹下长大的中央大学》一文，亮出精神之剑："我们抗战，是武力对武力，教育对教育，大学对大学；中央大学所对着的，是日本东京帝国大学。"此言掷地有声，足以廉顽立懦。身为大学校长，罗家伦胜任繁剧的事务，但他的特长仍是演讲和写作，他向学生演讲"新人生观"，多达十五次，其内容包括"动的人生观"、"创造的人生观"和"大我的人生观"。1942年，重庆商务印书馆出版《新人生观》，罗家伦将它作为战时的精神礼物，"献给有肩膊、有脊骨、有心胸、有眼光而又热忱的中华儿女，尤其是青年"。此书出版后，五年间再版二十七次，是名副其实的畅销读物。他希望中国人具有"理想"、"智慧"、"人格"、"道德的勇气"、"知识的责任"、"运动家的风度"和"文化的修养"，即使放在今天，这些项目中国人欲臻善境，仍是任重而道远，较之当年更加举步维艰。

有人说，罗家伦缺乏学生缘，不管他多勤勉，贡献多大，学生总是不愿意买他的账。为何如此？原因竟出在他的长相上，一个大鼻子，虽不碍事，却有碍观瞻。中大学生戏称他为"罗大鼻子"，某促狭鬼作五言打油诗，极尽调侃之能事："鼻子人人有，唯君大得凶，沙坪打喷嚏，柏溪雨濛濛。"丑化他的诗作还有更为露骨的，实在有辱斯文，不堪笔录。

1941年8月，罗家伦请辞中央大学校长。原因是什么？一说是办学经费捉襟见肘，巧妇难为无米之炊；一说是罗家伦与教育部长陈立夫之间存有嫌隙，难以调和；一说是罗家伦不肯拿大学教授的名器作人情，得罪了权贵；一说是蒋介石为了奖励汪（精卫）系归渝人士顾孟余，暗示罗家伦腾出中大校长职位，罗家伦遂欣然让贤。不管是哪种原因，罗家伦从此离开了教育界，则是不争的事实。他一派诗人光风霁月的性情和士大夫休休有容的涵养，勇于公战而怯于私斗，根本不是做政客的材料，却偏偏要去混迹于政客圈中，日日与之周旋，那种"业务荒疏"的窘态和处处吃瘪的情形就可想而知了。这位五四健将注定不是宦海中的游泳高手，呛水的时候，他更希望回到大学校园，那里才是他安身立命的地方。罗家伦执掌大学校政，处处取法乎上，是真正的斫轮高手，可惜为时势所限，未能尽展长才。

1945年9月9日（受降日），罗家伦在《新民族观》的序言中笔歌墨舞地写道："我们要认识过去，把握现在，创造将来！"那时，他辞去中央大学校长职位已经四年，但他这番话仍是说给中华民族的青年听的，他对他们始终寄予厚望，抱有信心，不可能逆料到他们将会遭遇空前的政治劫难，竟被彻底地耗费掉。

混迹官场，颇遭诟病

在上海复旦公学就读时，罗家伦十八岁左右年纪，就结识了黄兴、戴季陶等国民党要人，但他最崇拜的偶像是梁启超，后来操觚染翰，他走得顺风顺水的也是梁任公"笔端常带感情"的路子。罗家伦学业优异，行有余力，还担任《复旦杂志》编辑，撰写了一些直抒胸臆的华章，显示出"少年中国之少年"的雄风胜概和文采风流。请看看这段行文："若欲以20世纪国家的主人翁自恃，必须有春日载阳、万象昭苏之慨，切莫暮气沉沉，气息奄奄。一定要努力成为新学生，切莫沦为陈死人。"你不妨拈出其中的三个副词来琢磨，"必须"、"切莫"、"一定"，全都语气斩截，不留任何回旋余地，这既说明作者自信弥满，也说明他少不更事，对前路的艰难险阻缺乏预见，此时此刻的乐观只不过是个氢气球，虚悬在半空而已。

"学而优则仕"，这是传统意义上读书人的光明前途，其实是暗道，甚至是不归路。古往今来，由于做官而弄坏本质的人不在少数。

1905年，蔡元培和李石曾等人在巴黎发起"进德会"，首倡"不为官"、"不置私产"。七年后，张静江、张继、蔡元培、李石曾、吴稚晖乘民国新肇之东风，在上海尝试成立"进德会"，确定"一切从我做起，致力改变社会"的宗旨。"进德会"的"当然进德"（必须遵循之条例）三条是：不狎邪，不赌博，不置妾；"自然进德"（非强制约律）五条是：不做官吏，不做议员，不吸烟，不饮酒，不食肉。会员分为三等："持不赌、不嫖、不娶妾三戒者为甲等会员；加以不做官吏、不吸烟、不饮酒三戒为乙等会员；又加以不做议员、不食肉为丙等会员。"1918年5月28日，北京大学进德会召开成立大会，蔡元培被推举为会长，《北京大学进德会旨趣书》中的戒律依循旧规。在乌烟瘴气的社会里，知识精英修正私德，砥砺情操，这个出发点当然是好的，但道德完美主义很难落实和变现。在进德会成员中，小赌怡情的并非个别，吃花酒的也显有其人。陈独秀不谨细行，常作狭邪游，甚至闹出大动静，由于争风吃醋去八大胡同挥拳打场,抓伤妓女的敏感部位,招致京城媒体的围攻。不做官就更难了,连会长蔡元培也未能免俗,他做过北洋政府教育部总长、国民政府大学院院长。北大进德会成立伊始,就吸纳了七十多名教员、九十多名职员、三百多名学生为会员,当时北大的教职员共有四百多人,学生不足两千人,进德会的规模不可谓不大。

罗家伦是北大进德会甲等会员,只需持守"不赌、不嫖、不娶妾"的戒律,做官本是无妨的,不算违规作业。然而他在官场进进出出,所言所行颇遭诟病,成为"左派"文学青年攻击的靶子,被斥骂为"无耻的政客",这真是他的不幸。

1946年6月17日,王元化在上海《联合晚报》副刊上发表短文《礼义廉》,射出了一枚颇具威力的"开花弹":"曾任某大学校长的罗某,五四时代之健将也。'革命已经成功',但'同志仍须努力',遂混迹官场,步步高升。二次大战前,罗某吹捧希特勒,将《我的奋斗》一书,列为青年必读书之一。抗战后罗某又摇身一变,成为'爱国分子'。唯江山易改,本性难移。人多讥其丑,遂戏赠打油诗一首:'一生做帮闲,两手只要钱,三擅吹拍骗,四讲礼义廉'。"以"礼义廉"为文章题目,王元化意在嘲骂罗家伦无耻,这是很严重的道德控罪。当时,王元化二十六岁,"左派"青年的性格偏激自然是难免的，但他的文章代表了许多青年学生对罗家伦从政的失望和反感，这是再明显不过的事实。

在北大进德会的章程中，对于"不做官吏"有一个解释："凡受政府任命而从事于行政司法者为官吏。但本其学艺而从事于教育学术实业者，不在此限。"照此解释来看，即使罗家伦是乙等会员，他出任清华大学校长、中央大学校长，应不算做官，至于国民革命军总司令部参议、教育处处长、滇黔党政考察团团长、西北建设考察团团长、首任新疆省监察使、中央党史编纂委员会主任委员、考试院副院长和国史馆馆长，就该算做官了。20世纪40年代末期，他还做过两年国民政府驻印度大使，这个职务更难脱做官的嫌疑。抗战期间，罗家伦与傅斯年结伴去四川江津，探望陈独秀，他们想资助穷困潦倒的恩师，却没有看到好脸色，白白挨了一顿臭骂，只好落荒而逃。罗家伦挨骂的缘由就是像他这样一个有名有数的五四健将竟堕落为国民党的"臭官僚"。

罗家伦与傅斯年是多年的好友。在北大就学时，他们一同成立新潮社，创办《新潮》杂志，一同参加五四运动，罗家伦到欧洲游学时，两人又常在一起探究东西方学术的门道。他们走的均是文史路径，天赋很高，但傅斯年做学问比罗家伦更扎实，且为人胆气更豪，20世纪40年代，他接连喝退两任行政院长（孔祥熙和宋子文），在蒋介石面前，傅斯年也能够保持士人的风骨，刚直敢言，不亢不卑，他从不涉迹官场（依照北大进德会的章程，他出任中央研究院史语所所长、北大代校长、台湾大学校长不算做官），尤其难能可贵。罗家伦与蒋介石结缘甚早，北伐时做过后者的政治秘书，蒋介石对他的信任倚重非比寻常，但他的仕途发展却略显平淡，主要是性格使然。罗家伦做人做事过于高调，城府不深，从不隐藏自己的政治抱负，有意无意间就得罪了不少人，再加上谁都清楚他是蒋介石夹袋中的亲信角色，在派系林立的国民党官场，那些精刮的"摸鱼高手"自然而然将他视为劲敌，他要跻身政界要津，难度反而有增无减。

聪明人做大事未必能够成功，做大使则可能深孚众望。罗家伦的智商够高，他出任过国民政府首任（也是唯一的一任）驻印度大使，得到过印度总理尼赫鲁很高的礼遇。印度政要、国会议员踵门求见，向他请教如何制定新宪法，印度国旗上的核心图案居然也是由他一语定夺的，这在世界历史上恐怕也是罕见的孤例。当年，印度国旗上的核心图案欲采用甘地纺织土布的纺纱机。罗家伦参详之后建议去掉织机上的木头架子，只保留那只圆轮（恰好神似阿育王的法轮），表示生生不息。这个秉承简约主义"以少少许胜多多许"的优选方案经罗家伦提出后，印度政府很快就欣然采纳了。然而感情归感情，政治归政治，1949年底，印度与新成立不久的中华人民共和国建交，罗家伦黯然卸任。

罗家伦退处台湾岛，仍未消停，他秉承蒋介石的旨意，主张汉字简化，立刻招来一身腥一身蚁。廖维藩与一百余名"立委"联名，控告罗家伦是国民党的不良分子，"和中共隔海和唱，共同为民族文化罪人"，"类似匪谍行为"。罗家伦帮忙没帮到位，反倒帮出满背脊的冷汗来。后来他手握国民党党史、中华民国国史的诠释大权，又弄出不少纰漏，遭到吴相湘等史学家的诘问和批评。花甲之后，罗家伦的智力衰退较快，这是他力不从心的主要原因。

功名自有定数，强争不来，强取不到。罗家伦混迹官场，一直未能跻身于核心的党政部门，功绩仍属教育为多，虽然他在大学任校长的时间充其量不足十三年，但他主持的改革卓有成效，惠及清华大学和中央大学。抗战时期，罗家伦赋诗"一寸血肉，一寸山河"，他的系列演讲和他的著作都及时地鼓舞了国人的士气，这个成绩是不应抹杀的。当国民党政权"漏船载酒泛中流"，无可挽救地沉沦时，他在政治上所作的种种努力已微不足道。总而言之，罗家伦的人生不如好友傅斯年那样波澜壮阔，他走的是一条下坡路，五十岁后即泯然众人矣。嘲笑罗家伦的多为海峡两岸的名手,他屡遭责难而从不反唇相讥,居然唾面自干,这样能容能忍的君子风度自是极不寻常。至于蒋介石为他题写的挽词"学渊绩懋(mào,大)",究竟应该打几折?就肯定各有各的算法和说法了。

图书在版编目(CIP)数据

大师/王开林著.—上海:复旦大学出版社,2013.8
(微阅读大系·王开林晚清民国人物系列5)
ISBN 978-7-309-09881-5

Ⅰ.大… Ⅱ.王… Ⅲ.名人-人物研究-中国-近代 Ⅳ.K820.5

中国版本图书馆 CIP 数据核字(2013)第 159083 号

大师
王开林 著
责任编辑/李又顺 郑越文
复旦大学出版社有限公司出版发行
上海市国权路 579 号 邮编:200433
网址:fupnet@fudanpress.com http://www.fudanpress.com
门市零售:86-21-65642857 团体订购:86-21-65118853
外埠邮购:86-21-65109143
山东鸿杰印务集团

开本 850×1168 1/32 印张 7.125 字数 113 千
2013 年 8 月第 1 版第 1 次印刷
印数 1—4 100

ISBN 978-7-309-09881-5/K·435
定价:24.00 元

如有印装质量问题,请向复旦大学出版社有限公司发行部调换。
版权所有 侵权必究